国家文化产业资金支持媒体融合重大项目

U0648873

高等职业教育教学改革融合创新型教材 · 会计类

管理会计基础

张岩瑾　冀玉玲　主　编

郝尉君　王丹　杨伟晨　张淼　副主编

王海玲　主　审

Fundamentals of Management Accounting

东北财经大学出版社
Dongbei University of Finance & Economics Press

大连

图书在版编目（CIP）数据

管理会计基础 / 张岩瑾,冀玉玲主编. —大连：东北财经大学出版社,
2025.6.—（高等职业教育教学改革融合创新型教材·会计类）. —ISBN
978-7-5654-5518-6

Ⅰ.F234.3

中国国家版本馆 CIP 数据核字第 2025ZU0783 号

管理会计基础
GUANLI KUAIJI JICHU

东北财经大学出版社出版

（大连市黑石礁尖山街 217 号　邮政编码　116025）

网　　址：http://www.dufep.cn

读者信箱：dufep@dufe.edu.cn

大连永盛印业有限公司印刷　　　　　　　东北财经大学出版社发行

幅面尺寸：185mm×260mm　　　　字数：229千字　　　　印张：10.75

2025年6月第1版　　　　　　　　2025年6月第1次印刷

责任编辑：张晓鹏　孔利利　王　丽　周　晗　　责任校对：何　群

封面设计：原　皓　　　　　　　　　　　　版式设计：原　皓

书号：ISBN 978-7-5654-5518-6　　　　　　定价：38.00元

前　言

　　以习近平新时代中国特色社会主义思想为指导，深入贯彻党的二十大和二十届二中、三中全会精神，立足新发展阶段，贯彻新发展理念，构建新发展格局，培育、发展新质生产力，推进数字经济和实体经济深度融合，对企业发展提出了更高要求。面对新机遇、新挑战，管理会计发挥着支持企业决策、优化资源配置、提高管理水平的作用。与此同时，管理会计为企业创造新价值，为经济社会高质量发展、更好地推进中国式现代化建设提供了有力支撑。因此，为企业和社会培养更多的高质量管理会计人才、与时俱进地加强管理会计教育显得更加迫切。也正是基于此，我们编写了《管理会计基础》一书。

　　本教材结合党的二十大精神对国民经济发展的要求，对标"数字经济"背景下新市场需求和产业升级变化对管理会计岗位的要求，以立德树人为根本任务，各项目都设置了"启智润心"小栏目；同时，尽可能吸收国内外管理会计研究的新发现、实践和教学改革中的新成果，对涉及管理会计应用指引、企业会计准则、税收政策、其他法律法规变化的相关项目采用最新内容；增加新质生产力变革应用知识拓展，各项目都加入企业真实案例，对教学内容配置相关数字化资源。

　　本教材具有以下特色：

　　1. 项目引领，任务驱动。在新质生产力背景下，本教材依据管理会计岗位真实用人需求，对教学内容进行重构，按照项目引领、任务驱动的建设脉络进行内容开发，突出前沿性，拓宽学习者的学习视野。

　　2. 校企合作，内容实用。本教材特邀企业专家共同编写，各项目增设企业实际工作实操导入和企业实操案例分析模块，项目来源于合作企业旗下子公司真实案例，在成文过程中力图做到通俗易懂，增强学习者学习的实用性。

　　3. 对标"岗课赛证"，强化应用。本教材融入"1+X"证书技能点，对教学内容进行一体化设计；围绕"企业财务活动"，与区域经济、产业战略相结合，与行业发展相融合，强化学习成果的转化率。

　　4. 数字化资源丰富。本教材配套微课、视频等数字化资源，并随财经热点不断更新；全程数字化跟踪教学反馈，便于学习和使用，能有效提升学习者的学习效率。

　　本教材主要适用于财经类高等职业院校、成人高等学校的大数据与会计、大数据与财务管理等专业及相关经济类专业的教学，也可作为经济管理和企业管理人员的参考用书。

　　本教材由张岩瑾、冀玉玲担任主编，并负责拟定编写大纲；郝尉君、王丹、杨伟晨和张淼担任副主编。全书共分七个项目，具体编写分工如下：项目一、项目四由张岩瑾编写，项目二由杨伟晨编写，项目三由王丹编写，项目五由张淼编写，项目六由郝尉君编写，项目七由冀玉玲编写；全书最后由张岩瑾、冀玉玲总纂和定稿，王海玲主审。

　　虽然我们对本书的编写做了很多努力，但由于水平有限，书中难免存在纰漏或不足，敬请各位读者批评指正。

编　者

2025 年 4 月

目　录

项目一

走进管理会计

学习目标

［知识目标］

◇了解管理会计发展过程；

◇认知管理会计定义；

◇运用管理会计目标；

◇遵守管理会计原则。

［技能目标］

◇能够识别管理会计与财务会计的区别与联系；

◇能够识别管理会计对象并分析管理会计的职能。

［素养目标］

◇树立管理会计理念，运用科学的指标帮助企业提质增效；

◇具备责任会计思维，提高企业经营效率，靠勤劳和智慧创造财富。

学习建议

管理会计是经济发展的产物，会计管理水平是衡量企业经营管理的重要考量因素。管理会计需要针对企业管理部门编制计划、做出决策、控制经济活动的需要，记录、分析经济业务，"捕捉"和呈报管理信息，并直接参与决策控制过程，帮助企业改善经营管理，提高经济效益服务。在学习过程中，建议重点学习管理会计相关定义概念，并对比财务会计，将定义应用到企业管理过程中。

思维导图

走进管理会计

- 为什么要学习管理会计
  - 管理会计定义
  - 管理会计职能
  - 管理会计与财务会计区别

- 打开管理会计之门的钥匙
  - 管理会计目标
  - 管理会计原则

- 识读管理会计要素与方法
  - 管理会计的要素
  - 管理会计的工具与方法

- 厘清管理会计框架
  - 管理会计的形成与发展
  - 《中国管理会计职业能力》主要内容

- 争做具有职业道德的管理会计人员
  - 管理会计职业道德
  - 管理会计职业道德特征
  - 学懂管理会计职业道德作用
  - 管理会计职业道德内容

企业实际工作实操导入

华美塑胶制品有限公司准备招聘一名管理会计专员，网上发布的招聘要求如下：

（1）预算管理：负责编制全面预算，确定目标成本和目标利润，保证销售目标和利润目标的实现。

（2）成本控制：负责产品成本分析，并按销售区域进行利润敏感性分析，以挖掘降低成本的潜力。

（3）财务分析：负责定期对预算与执行情况进行对比分析，撰写预算执行完成情况，并提出改进意见。

（4）绩效考核：负责参与对各部门预算编制、控制、执行情况的考核，并上报财务数据。

（5）信息管理：负责定期输出各项管理报告，并进行数据梳理分析和效益评估。

小刘和小王对这个岗位都很感兴趣并投递简历，经过初试筛选成功进入复试。面试官对她俩问了同一个问题："谈谈对财务会计和管理会计认识以及是否胜任管理会计专员职位。"

　　小刘回答：财务会计和管理会计均属于会计工作，但它们服务对象不同。财务会计主要是记录和报告过去的经济交易和事项，编制财务报表，以满足外部利益相关者需求；管理会计主要是为企业内部管理者提供计划、决策、控制和评价等方面的信息，帮助管理者做出更好经营决策，提高企业效益。我具备较宽知识面和果断应变能力，较强分析问题和解决问题的能力，所以能胜任这个职位。

　　小王回答：财务会计与管理会计虽然均属于会计工作，但它们负责内容不同。财务会计是对企业经营活动的资金进行记录核算，包括资产、负债、所有者权益、收入、费用、利润六大要素的核算。管理会计是对企业的经济活动进行管理，主要内容包括规划决策、控制与业绩评价。我基础知识扎实、操作能力强、工作细致且认真负责，所以能胜任这个职位。

　　通过小刘和小王的回答，你觉得谁能更胜任呢？管理会计是什么？应该如何理解管理会计的职能呢？让我们走进管理会计，一起探索"管理+会计"的经营之道。

任务一　为什么要学习管理会计

微课 1-1

为什么要学习管理会计

一、管理会计定义

　　管理会计是会计的重要分支，主要服务企业的内部管理，以现代企业经营活动及其价值表现为对象，通过对财务等信息的深加工和再利用，对企业经济业务进行事前、事中和事后的相关预测、决策、规划、控制、责任考核与评价，以强化企业内部经营管理，实现最佳经济效益的信息管理系统，为管理者提供科学的决策依据和建议。

二、管理会计职能

　　社会经济的发展和经济理论的丰富使得管理会计的理论体系逐渐完善、内容更加丰富，管理会计应具有以下几个基本职能：

（一）计划

　　计划是对企业未来经济活动的规划，它以预测、决策为基础，以数字、文字、图表等形式将管理会计目标落实，以协调各单位的工作、控制各单位的经济活动、考核各单位的工作业绩。

（二）评价

　　评价是在对未来经济活动进行计划的过程中，管理人员应提供预测、决策的备选方案及相关的信息，并准确判断历史信息和未来事项的影响程度，以便选择最优方案。在这一过程中，管理人员应对有关信息进行加工处理、去粗取精、去伪存真，以确保所选用信息能够反映经济活动的未来趋势，从而揭示经济活动的内在比例关系。

（三）控制

　　控制是对企业经济活动按计划要求进行的监督和调整。一方面，企业应监督计划的执行过程，以确保经济活动按照计划的要求进行，从而为完成目标奠定基础；另一方面，企业也应对采取的行动及计划本身的质量进行反馈，以确定计划阶段对未来期间影响经济变动各因素的估计是否充分、准确，从而调整计划或工作方式，确保目标的实现。

（四）考核和评价

管理会计在确定各责任单位应负责任、赋予其相应权利的同时，必须对其责任履行情况进行考核，以确保企业有限资源的有效利用。由于管理目标以指标分解的形式将责任落实到企业内部的各个单位和工作环节，因此，建立健全责任计量、责任确认及责任考核的责任报告体系，将有助于资源的有效利用和资源经营管理责任的履行。

三、管理会计与财务会计区分

管理会计和财务会计是现代企业会计的两大分支，分别服务于企业内部管理的需要和外部决策的需要，两者之间既有联系又有区别。

（一）管理会计与财务会计的区别

1.服务对象不同

管理会计主要为企业内部管理决策提供相关会计信息，属于对内报告会计。财务会计主要为外部相关企业和人员提供财务信息，属于对外报告会计。

2.工作重点不同

管理会计更侧重于创造价值，通过预测、控制、决策等手段进行未来筹划。而财务会计侧重于记录价值，反映过去的财务状况。

3.程序方法不同

管理会计的程序和方法灵活多样，企业可根据自身需要进行选择，并依据变化适时调整。而财务会计核算程序比较固定、标准，其处理方法只能在允许的范围内选择，因此，灵活性较小。

4.前提条件不同

管理会计现在没有严格遵守的规则，具有指导作用的假设为：多层主体，合理预期，理性行为，充分信息。而财务会计前提包括会计主体、持续经营、会计分期、货币计量。

5.职能作用不同

管理会计是规划未来的会计，其职能包括对未来财务状况的预测、决策和规划，对现在财务状况的控制、考核和评价，属于经营管理型会计。而财务会计职能为会计核算、会计监督，属于报账型会计。

6.信息特征及信息载体不同

管理会计不受会计准则、会计制度的制约，是根据企业内部要求选择，不定期提供信息，主要是内部报告，根据管理需要编制反映不同影响期间经济活动的各种报告。而财务会计必须按照国家统一时间定期向社会公开披露财务信息。

7.体系完善程度不同

管理会计体系尚不健全，缺乏统一性和规范性。而财务会计具有统一性和规范性。

8.参与人员不同

管理会计是财务与业务的高度融合，全员积极参与。而财务会计仅限于单位的会计人员负责。

（二）管理会计与财务会计的联系

管理会计与财务会计同属于企业会计的范畴，两者之间具有千丝万缕的联系，二者共同构成现代会计系统。二者信息来源相同，都是通过提供企业经营管理的会计信息，以满足企业内部和外部信息使用者的需要，财务会计提供的大量信息是管理会计进行预测、决策、分析、控制、考核和评价的基础。一般认为，管理会计属于"内部会计"，财务会计属于"外部会计"，二者都是为企业科学决策提供服务的。

【互动思考】在数字经济背景下，你作为企业的数字化财务人员，是否能将管理会计与数字化财务会计在企业管理中结合应用？

任务二　打开管理会计之门的钥匙

一、管理会计目标

管理会计是企业加强内部经营管理、提高企业竞争力的需要而产生和发展起来的，因此，管理会计的最终目标是提高企业的经济效益。管理会计的目标具体可以分为：

（一）参与企业的经营管理

在现代管理理论的指导下，管理会计在以各种积极的方式参与企业的经营管理，将会计核算推向会计管理。

（二）为管理和决策提供有用信息

为管理和决策提供与计划、评价和控制企业经营活动有关的各类信息，提供与维护企业资产安全、完整及资源有效利用有关的各类信息，提供与股东、债权人及其他企业外部利益关系者的决策有关的信息，这些信息有利于投资、借贷及有关法规的实施。

（三）助力战略实现

管理会计以制定各种战略、战术和经营决策，以及帮助协调组织企业工作等方式参与管理，不仅有利于各项决策方案的落实，而且有利于企业实现在总体上兼顾企业长期、中期和短期利益的最佳化运行。

二、管理会计原则

（一）战略导向原则

管理会计的应用应以战略规划为导向，以持续创造价值为核心，促进单位可持续发展。因此，单位各责任主体的一切工作思路和方法应紧密结合单位总体战略目标，不得与单位的战略目标相抵触或大相径庭。

（二）融合性原则

管理会计应嵌入单位相关领域、层次、环节，以业务流程为基础，利用管理会计工具方法，将财务和业务等有机融合。因此，各单位在进行业务流程再造、工具方法应用和人力资源配置等方面，要充分考虑财务和业务的有机融合，财务人员应深入单位的各个环节，了解业务实践，与业务人员一起制定制度、规划流程、预测决策、分析评价，打破财务和业务的"隔离墙"，为科学管理打下良好的基础。

（三）适应性原则

管理会计的应用应与单位应用环境和自身特征相适应。单位自身特征包括单位性质、规模、发展阶段、管理模式、治理水平等。为此，无论是管理信息系统的选择还是工具方法的应用，都必须结合单位自身的情况，从而做出最适合本单位实际情况的安排。要循序渐进，不能盲目跟风，不能求快求全，更不能浮夸冒进。

（四）成本效益原则

管理会计的应用应权衡实施成本和预期效益，合理、有效地推进管理会计应用。在推进管理会计的过程中，不论是业务流程再造，还是管理信息系统的设计开发和财务共享中心的建设等都需要付出大量的人、财、物成本，因此，各单位要结合自身的实际情况，权衡成本效益，稳步推进，分步落实，不要急于求成，避免造成人、财、物的浪费。

【互动思考】作为企业管理会计人员，如何帮助企业提高企业自身的经济效益？

微课1-2

打开管理会计之门的钥匙

任务三　识读管理会计要素与方法

一、管理会计的要素

（一）应用环境

应用环境是指企业管理会计工具和方法的应用必须具备的内、外部环境，是企业应用管理会计的基础。应用环境包括内部环境和外部环境。内部环境主要包括与管理会计建设和实施相关的价值创造模式、组织架构、管理模式资源保障、信息系统等因素。外部环境主要包括国内外经济、市场、法律、行业等因素。企业应用管理会计，应充分了解并分析其应用环境，只有这样，才能因地制宜，从而保证管理会计工作的顺利开展。

（二）管理会计活动

管理会计活动是企业管理会计工作的具体开展，贯穿单位管理的事前、事中和事后全过程，在了解和分析其应用环境的基础上，应将管理会计活动嵌入规划、决策、控制、评价等环节，从而形成完整的管理会计闭环。企业在开展管理会计活动时，注重业财融合，实时进行过程控制，及时发现在运营过程中出现的问题并进行纠正调整，以保障战略规划的实现。

（三）工具方法

管理会计工具方法是实现管理会计目标的具体手段，企业应用管理会计时所采用的战略地图、滚动预算管理、作业成本管理、本量利分析、平衡计分卡等模型、技术、流程的统称。管理会计工具方法异彩纷呈，企业管理领域不同，适用的管理会计工具方法亦不尽相同。

我国财政部颁布的34项管理会计应用指引，对20多个工具方法进行解释，各单位在开展管理会计工作中参照执行。

（四）信息与报告

管理会计信息包括在管理会计应用过程中所使用和生成的财务信息和非财务信息，是管理会计报告的基本元素。企业利用内外部各种渠道，通过采集、转换等多种方式，获得相关、可靠的管理会计基础信息，并有效利用现代信息技术，对管理会计基础信息进行加工、整理、分析和传递，以满足管理会计的应用需要。

管理会计报告是管理会计活动成果的重要表现形式，旨在为报告使用者提供满足管理需要的信息。

二、管理会计的工具与方法

企业应用管理会计，应结合自身实际情况，充分考虑目前所处的内外部环境和管理会计工具的适用及实施的利弊，以及目前需要解决的问题等，根据管理特点和实践需要选择适用的管理会计工具方法，并加强管理会计工具方法的系统化、集成化应用。在开展管理会计工作中，具体情况可参照表1-1执行。

表1-1　　　　　　　　　管理会计工具方法表

一级内容	二级内容
战略管理	战略地图
预算管理	滚动预算
成本管理	目标成本法；标准成本法；变动成本法；作业成本法
营运管理	量本利管理；敏感性分析；边际分析
投融资管理	贴现现金流法；项目管理
绩效管理	关键绩效指标法；经济增加值法；平衡计分卡
风险管理	风险管理框架；风险矩阵模型
其他领域	企业管理会计报告、管理会计信息系统、行政事业单位

【互动思考】管理会计工具与方法你是否对其有所了解，如何将具体的工具应用企业管理，并帮助企业做出最优决策，欢迎登录管理会计基础在线课平台留言。

任务四　厘清管理会计框架

微课1-4

厘清管理会计框架

一、管理会计的形成与发展

（一）国际管理会计人才能力框架

国际上，很早就开始重视并进行管理会计的职业建设，经过不断的发展，已经形成比较完善的职业知识体系及行为规范。

1.19世纪末20世纪初

英国产业革命—大机器工业代替手工业—股份制蓬勃发展—产品品种多样化—间接费用的分配成为难题—竞争压力要求提供详尽的成本资料—成本会计诞生。

2.20世纪20—30年代

一战以后美国崛起，为应对第一次世界经济危机—美国广泛推行"泰罗制"将标准成本、预算控制引入成本会计—管理会计萌芽。

3.20世纪40年代

二战以后国内外竞争加剧、企业规模扩大、经济危机频发、失业率上升—推行职能管理和行为科学管理—推行责任会计、本量利分析—管理会计雏形。

4.20世纪50年代

科技日新月异、跨国公司涌现、通胀、资金紧张—成本效益分析—1952年国际会计师联合会正式通过"管理会计"—会计学一分为二。

5.20世纪50年代后

随着时代迅速发展，科技的巨大变革，管理会计精细化、数字化发展，质量成本管理、作业成本法、价值链分析以及战略成本管理等创新的管理会计方法层出不穷，初步形成了一套新的成本管理控制体系。

英国特许管理会计师公会（CIMA）作为专门的管理会计职业组织，2014年与美国注册会计师协会（AICPA）联合颁布《全球管理会计原则》，并在此基础上于2016年提出《CGMA管理会计能力框架》（CGMA即全球特许管理会计师证书）。该框架以道德、诚信和专业精神为基础，由技术技能、商业技能、人际技能和领导技能四大要素构成，每个要素又分为基础、中级、高级和专家级4个能力等级。CIMA还以该框架为依据重新构建了其职业资格框架和考试体系与大纲。

美国管理会计师协会（IMA）是目前全球最领先的国际管理会计师组织，一直致力于支持企业内部的财会专业人士推动企业的整体绩效和表现。IMA于2016年提出全新的《管理会计能力素质框架》。该框架聚焦于规划与报告、财务决策、信息科技、业务运营和领导力5个模块，确定了28项具体的管理会计核心能力，并划分入门级、初级、中级、高级和专家级5个能力级别，为管理会计人才培养提供了指导。

（二）管理会计在我国的发展

我国对管理会计人才能力的框架研究比较晚。但是，进入新时代，随着新经济、新业态的出现，各经济组织对会计人员能力水平评价方式不断发生变化，财务人员不但要精于财务会计能力，更应通于管理筹划能力；不但要勇于创新，更要善于领导。因此，迫切需要建立一套符合我国国情并具有中国特色的人才能力标准，对中国管理会计人才知识结构和能力培养进行引领，以加快管理会计人才队伍建设，推进管理会计体系建设。

（三）我国管理会计人才能力框架建设进程

2014年，《关于全面推进管理会计体系建设的指导意见》（以下简称《指导意见》）提出了理论、指引、人才、信息化加咨询服务"4+1"的管理会计有机发展模式，争取在3~5年内，在全国培养出一批管理会计人才，积极推进管理会计人才队伍建设。《指导意见》指出，管理会计人才建设目标是"以提高单位持续价值创造力为导向，以提升管理会计实务能力为重点，推动研究发布管理会计人才能力框架；积极探索和优化管理会计人才的多种培养模式；加强管理会计人才培养国际交流与合作，打造更多符合市场和单位需要的高端管理会计人才，为管理会计在我国的深入应用打下坚实的人才基础，为我国管理会计的发展建立人才储备"。

2016年9月，财政部将我国管理会计人才能力框架和人才评价体系（包括企业、事业单位和行政单位的管理会计人才框架与评价体系）的建设列入工作日程，并以公开招标课题的方式推进中国管理会计人才能力建设与职业化进程。

2019年3月25日，中国总会计师协会制定了第一部具有中国特色的管理会计能力评价标准体系——《中国管理会计职业能力框架》，并作为团体标准发布。《中国管理会计职业能力框架》提出了中国标准，发出了中国声音，对国家治理体系和治理能力现代化建设，对参与全球经济治理，对推进管理会计体系建设有积极和现实意义；对中国管理会计人才知识结构和能力培养具有积极的引领作用；为单位培养、衡量管理人才提供了一套符合我国国情、具有中国特色的人才标准。

《中国管理会计职业能力框架》团体标准包括专业能力、综合能力和职业道德与行为规范三大部分。管理会计职业能力根据其专业能力和综合能力达到的程度分为初级、中级、高级、特级四个等级，这与目前我国会计师职称序列是对应的。

二、《中国管理会计职业能力框架》主要内容

《中国管理会计职业能力框架》团体标准由专业能力、综合能力和职业道德与行为规范三大部分组成，其中，管理会计职业能力包括专业能力、综合能力两大类，并根据其达到的程度分为初级、中级、高级、特级四个等级，这与目前我国会计师职称序列是对应的。管理会计的职业能力框架见表1-2。

表1-2　　　　　　　　　　　管理会计职业能力框架表

		财务会计能力
专业能力	统筹管理能力	战略管理能力
		预算管理能力
		成本管理能力
		营运管理能力
		绩效管理能力
		投融资管理能力
		风险管理能力
		管理会计报告能力
综合能力	开拓创新能力	思维创新能力

		财务会计能力
专业能力	统筹管理能力	战略管理能力
		预算管理能力
		成本管理能力
		营运管理能力
		绩效管理能力
		投融资管理能力
		风险管理能力
		管理会计报告能力
综合能力	开拓创新能力	信息技术应用能力
		管理会计工具方法创新能力
	协调领导能力	沟通协调能力
		团队建设能力
		组织能力
职业道德与行为规范		

（一）专业能力

专业能力包括财务会计能力和管理筹划能力。财务会计能力是管理会计的基础职业能力，管理会计开展工作所依托相关信息的基础来自财务会计；管理筹划能力是管理会计的根本能力，是管理会计职业能力最重要的部分。有关财务会计能力描述引自《会计专业职务试行条例》（这里不再赘述），管理筹划能力具体分为战略管理能力、预算管理能力、成本管理能力、营运管理能力、绩效管理能力、投融资管理能力、风险管理能力、管理会计报告能力8个方面。

（二）综合能力

管理会计与财务会计相比是开放型的，其所涉及的领域也大大超出财务会计的领域，因此，做好管理会计工作，仅有专业技术能力是远远不够的，还要具有综合能力。综合能力包括创新能力和领导力。创新能力包括思维创新能力、信息技术应用能力、管理会计工具方法创新能力；领导力包括沟通协调能力、团队建设能力、组织能力。

（三）职业道德与行为规范

职业道德与行为规范是管理会计职业能力框架的基础，德才兼备，以德为先。

各级管理会计都应遵循以下职业道德与行为规范：

（1）践行社会主义核心价值观，树立新发展理念。

（2）爱岗敬业，坚守诚信原则，提供真实、准确的管理和会计信息，如实反映、报告单位财务状况与经营业绩。

（3）维护单位的合法权益，保守工作秘密，积极促进所在单位承担必需的社会责任。

（4）在与道德规范冲突的情况下，不以牺牲道德规范为代价达到个人或单位的目的。

（5）廉洁自律，不参与舞弊或行贿、受贿等。目标利润分析是在本量利分析法的基础上计算，为达到目标利润所需达到的业务量、收入和成本的一种利润规划方法，这种方法应反映市场的变化趋势、企业战略规划目标以及管理层需求等。

【互动思考】在新时期，你作为管理会计学习者，如何帮助企业运用科学管理会计职业能力提质增效？欢迎加入在线课平台参与该话题讨论。

任务五　争做具有职业道德的管理会计人员

微课 1-5

争做具有职业道德的管理会计人员

一、管理会计职业道德

管理会计职业道德是指在管理会计职业活动中应当遵循的、体现管理会计职业特征的，调整管理会计职业关系的职业行为准则和规范。职业道德与行为规范是管理会计职业能力框架的基础，德才兼备，以德为先。

二、管理会计职业道德特征

（一）具有职业性和实践性的特征

管理会计在企业中扮演着重要的角色，不仅需要提供准确的财务信息，还要确保决策的公允性和责任性，管理会计人员必须对他们的决策和行动负责，同时还需要考虑到更广泛的利益相关者的利益，而不仅仅是股东或管理层的利益。

（二）具有公众利益的符合性特征

管理会计职业道德符合公众利益，它以原则为基础，这些原则包括诚信、透明、责任和道德规范。管理会计人员在处理财务信息、进行决策和与利益相关者沟通时，必须遵守这些原则。这些原则具有公众利益的符合性特征。

三、学懂管理会计职业道德作用

（一）对管理会计师个体的作用

1. 对管理会计师的指导作用

管理会计职业道德为学习者和从业者提供了明确的行为准则和决策框架。例如，当面临利益冲突或数据操纵的诱惑时，职业道德准则（如诚实守信、严谨细致）能帮助学习者和从业者选择符合职业标准的行动路径。

2.对管理会计师职业道德遵守的促进和评价作用

职业道德不仅通过学习和自律发挥作用，而且通过外部机制（如继续教育、同行评审）推动遵守。例如，企业可能设立道德考核指标，将职业道德纳入绩效评估体系，激励从业者主动提升道德素养。

（二）对实施管理会计单位的作用

1.管理会计职业道德是单位实现管理会计目标的重要保障

管理会计的核心目标包括优化资源配置、支持战略决策等。管理会计职业道德通过确保数据的真实性和分析的客观性，为这些目标奠定基础。

2.管理会计职业道德是单位总体道德价值观的重要组成部分

企业将职业道德纳入企业文化，能够强化员工的团队意识和责任意识，保护公司声誉，减少内部摩擦，提升跨部门协作效率。它不仅是管理会计从业者的"指南针"，而且是企业可持续发展的"稳定器"和行业健康发展的"基石"。

（三）对职业规范体系的作用

管理会计职业道德是相关财务法律法规的重要补充。法律通常设定最低行为标准，管理会计职业道德不属于法律法规，却是职业道德体系与法律法规体系共同作用在不同层面形成的对职业规范的完整要求，通过社会认同和职业声誉引导更高标准的行为。

四、管理会计职业道德内容

（一）专业能力

通过不断学习，保持适当的职业胜任能力；依据相关的法律、法规和技术标准履行自己职责；在对相关的和可靠的信息进行分析后，编制完整、清晰的报告与建议书。管理会计能力包括管理和会计的能力，是终身学习的过程，作为学习者，要树立终身学习的理念。

（二）保守秘密

除法律规定外，不得披露在工作过程中所获取的机密信息；告知同事和下属应重视工作中所获取信息的机密性，并且监督下属的行为以保证其保守机密；禁止利用或变相利用在工作中所获取的机密信息为个人或通过第三方谋取不道德或非法利益。

（三）诚实正直

不得从事道德上有损于履行职责的活动；避免事实上或表面上可能引起的利益冲突，并对任何潜在冲突的各方提出忠告；拒绝接受影响或行将影响他们做出正确行动的任何馈赠、优惠或接待；找出妨碍业务活动的可靠判断或顺利完成工作的限制与约束条件，并与有关方面进行沟通；不得从事或支持各种有损企业利益的活动；告知有利和不利的信息以及职业的判断及意见；不得积极地或消极地破坏企业合法的、符合道德的目标。

（四）客观公正

公正而客观地传达信息；充分披露相关信息，帮助使用者对所公布的报告、评论和建议获得正确的理解。

【互动思考】未来你努力成为怎样的管理会计人才？

启智润心

党的二十大报告提出："从现在起，中国共产党的中心任务就是团结带领全国各族人民全面建成社会主义现代化强国、实现第二个百年奋斗目标，以中国式现代化全面推进中华民族伟大复兴。"中国式现代化是物质文明和精神文明协调的现代化。物质富足、精神富有是社会主义现代化的根本要求。

构建高水平的社会主义市场经济体制是其重要的制度保障，作为市场的核心和基本单元，中国企业如何做大做强、提升核心竞争力，从宏观的角度来讲是提高全要素生产率，着力提升产业链供应链韧性和安全水平，推动经济实现质的有效提升和量的合理增长的基础。

管理会计是将现代管理科学和方法运用于会计领域的结果，管理会计的本质是会计与管理的直接结合，目的是加强企业管理、提高企业服务竞争力。当你走进管理会计世界，认识管理会计通过将财务、销售、收入等因素的收集分析，以企业的战略目标为核心，得出基于发展过程的翔实评价，从而给企业的经营管理层提供了制定有效政策和灵活多变的目标的可能，实现对企业自身经营活动过程展开评估、对外界经济走向和生产需求进行预测，从而为企业管理层和决策者提供制定行动的建议和依据，推动企业不断发展。

现在深圳市阿里牛牛科技有限公司正面临转型升级，该公司的核心业务人员召开会议，研究相较于传统企业在财务部下设管理会计分支，对于企业转型是否要设立管理会计部门，你是本公司财务总监，你认为是否需要独立成立管理会计部门？与此同时，给予人力资源部招聘管理会计，需要具备哪些素养？你给予财经类专业学生哪些建议帮他们养成这些职业素养？

资料来源：部分内容为作者根据文心一言问答而来。

链接新质生产力　　　　　　　　拥抱新质生产力变革

在新质生产力背景下，管理会计正经历着深刻的变革。新质生产力，作为创新起主导作用、摆脱传统经济增长方式、具有高科技、高效能、高质量特征的先进生产力质态，为管理会计的变革提供了强大的动力和方向。

一、新质生产力的定义与特征

新质生产力是创新起主导作用，摆脱传统经济增长方式、生产力发展路径，具有高科技、高效能、高质量特征，符合新发展理念的先进生产力质态。它是马克思主义生产力理论的中国创新和实践，是科技创新交叉融合突破所产生的根本性成果。新质生产力强调技术创新、模式创新、产业创新等多方面的融合，为企业的转型升级提供了新的思路和路径。

二、新质生产力对管理会计的影响

（1）技术创新推动管理会计数字化转型：随着大数据、云计算、人工智能等技术的快速发展，管理会计的数字化转型成为必然趋势。这些技术为管理会计提供了更加高效、精准的数据处理和分析能力，使得管理会计能够更好地服务于企业的决策和管理。

例如，通过大数据分析，管理会计可以实时掌握企业的财务状况和经营成果，为企业的战略决策提供有力支持。同时，人工智能技术的应用可以自动化处理大量的财务数据，提高管理会计的工作效率和质量。

（2）模式创新促进管理会计职能转变：在新质生产力背景下，企业的业务模式和组织结构正在发生深刻变化。管理会计需要适应这种变化，从传统的核算型向管理型、决策型转变。

管理会计需要更加注重对企业内部各环节的协调和优化，通过全面预算管理、成本控制、绩效评价等手段，提高企业的整体运营效率和盈利能力。

（3）产业创新引领管理会计创新发展：新质生产力推动了新兴产业的发展和壮大，这些新兴产业对管理会计提出了新的要求和挑战。管理会计需要不断创新和发展，以适应新兴产业的特点和需求。

例如，在数字经济时代，管理会计需要加强对数字资产、数字权益等新型经济要素的管理和核算，为企业的数字化转型提供有力支持。

三、新质生产力背景下管理会计变革的具体措施

（1）加强技术创新应用：引入先进的信息技术和管理系统，如ERP系统、财务共享中心等，提高管理会计的信息化水平。

利用大数据、云计算等技术手段，实现财务数据的实时采集、处理和分析，提高管理会计的决策支持能力。

（2）推动管理会计职能转变：明确管理会计的职能定位和发展方向，从传统的核算型向管理型、决策型转变。

加强管理会计与业务部门的沟通和协作，实现业财融合和一体化管理。

（3）加强人才培养：你作为管理会计从业人员，需要具备业财融合能力和数字化技术应用能力，不断适应新变化，成为具有竞争力的新型劳动者。

综上所述，新质生产力背景下管理会计的变革是一个复杂而长期的过程。企业需要不断加强技术创新应用、推动管理会计职能转变、不断提升自身数字化素养和业财融合能力，以适应新时代的发展需求并实现可持续发展。

资料来源：部分内容为作者根据文心一言问答而来。

职业技能等级测试

一、单项选择题

1.管理会计活动的描述，正确的是（　　　）。

A.管理会计应用环境是实现管理会计目标的具体手段

B.管理会计活动是单位管理会计工作的具体开展

C.管理会计工具方法是单位应用管理会计的基础

D.管理会计工具方法是单位管理会计工作的具体开展

2.关于成本和费用的说法中，错误的是（　　　）。

A.费用着重于按会计期间进行归集

B.产品成本一般以在生产过程中取得的各种原始凭证为计算依据

C.产品成本着重于按产品进行归集

D.产品成本一般以成本计算单或成本汇总表及产品入库单等为计算依据

3.下列（　　　）不属于生产成本项目。

A.财务费用　　　　　　　　　　B.燃料和动力

C.制造费用　　　　　　　　　　D.直接人工

4.变动成本增加会引起（　　　）。

A.贡献毛益增加　　　　　　　　B.盈亏平衡点降低

C.贡献毛益减少　　　　　　　　D.利润增加

5.成本的有利差异是（　　　）

A.实际成本小于预算成本

B.实际成本超过预算成本

C.实际成本小于预算成本导致利润上升

D.实际成本大于预算成本导致利润下降

6.在下列各项中，属于生产成本项目的是（　　　）。

A.税金　　　　　　　　　　　　B.燃料和动力

C.管理费用　　　　　　　　　　D.销售费用

7.战略成本管理不包括（　　　）。

A.资源规划　　　　　　　　　　B.TOC理论

C.价值链　　　　　　　　　　　D.风险管理

8.下列（　　　）不是管理会计要素。

A.管理会计应用环境　　　　　　B.管理会计活动

C.管理会计信息　　　　　　　　D.管理会计工具方法

9.企业在对会计要素进行计量时，一般应采用（　　　）。

A.重置成本　　　　　　　　　　B.历史成本

C.公允价值　　　　　　　　　　D.现值

10.下列（　　　）不是管理会计的目标。

A.提供有用的信息　　　　　　　B.参与企业的经营管理

C.实现企业的最大利润　　　　　D.帮助企业做出决策

11.下列（　　　）不是管理会计的职能。

A.规划　　　　　B.控制　　　　　C.评价　　　　　D.核算

12.下列（　　　）不是管理会计与财务会计的主要区别。

A.服务对象不同　　　　　　　　B.信息特征不同

C.遵循的原则不同　　　　　　　D.报告期间不同

13. 下列（　　）不是管理会计报告的特点。

A. 灵活性　　　　　B. 针对性　　　　　C. 强制性　　　　　D. 及时性

14. 下列（　　）不是管理会计的工具方法。

A. 本量利分析　　　　　　　　　　B. 平衡计分卡

C. 作业成本法　　　　　　　　　　D. 历史成本法

15. 下列（　　）不是管理会计在信息支持方面的作用。

A. 提供决策信息　　　　　　　　　B. 提供控制信息

C. 提供预测信息　　　　　　　　　D. 提供历史信息

16. 管理会计师在处理客户或雇主的财务信息时，应首先遵循的原则是（　　）。

A. 利益最大化　　　　　　　　　　B. 保密性

C. 准确性　　　　　　　　　　　　D. 及时性

17. 下列（　　）不属于管理会计师职业道德的基本原则。

A. 诚信　　　　　　B. 客观性　　　　　C. 保密性　　　　　D. 盈利性

18. 管理会计师在提供专业服务时，应确保（　　）。

A. 个人利益高于客户利益　　　　　B. 客户利益高于个人利益

C. 个人利益与客户利益并重　　　　D. 忽略客户利益

19. 当管理会计师面临利益冲突时，应如何处理？（　　）

A. 优先考虑个人利益　　　　　　　B. 优先考虑客户利益

C. 寻求第三方意见　　　　　　　　D. 放弃提供专业服务

20. 管理会计师在准备财务报告时，应确保报告的（　　）。

A. 美观性　　　　　　　　　　　　B. 准确性

C. 完整性　　　　　　　　　　　　D. 及时性与B和C均正确

21. 下列（　　）行为违反了管理会计师的职业道德。

A. 拒绝泄露客户的机密信息

B. 在没有充分依据的情况下提供财务预测

C. 拒绝参与不道德的财务操作

D. 保持专业胜任能力

22. 管理会计师在处理财务问题时，应保持（　　）。

A. 绝对中立　　　　B. 相对中立　　　　C. 主观性　　　　D. 客观性

23. 管理会计师应（　　）对待自己的专业判断和决策。

A. 基于个人喜好　　　　　　　　　B. 基于客户要求

C. 基于事实和证据　　　　　　　　D. 基于市场趋势

24. 下列（　　）是管理会计师在职业道德方面应持续关注的。

A. 个人职业发展　　　　　　　　　B. 行业最新动态

C. 专业胜任能力和道德行为　　　　D. 个人财务状况

25. 管理会计师在与客户沟通时，应避免（　　）。

A. 提供清晰、准确的信息　　　　　B. 使用专业术语

C. 误导客户　　　　　　　　　　　D. 保持礼貌和尊重

26.管理会计师在提供服务时，应确保自己的（　　　）。

A.个人利益最大化　　　　　　　　B.专业知识不断更新

C.工作环境舒适　　　　　　　　　D.工作时间灵活

27.当管理会计师发现客户的财务报告存在错误时，应（　　　）。

A.保持沉默　　　　　　　　　　　B.立即更正并通知客户

C.通知客户的竞争对手　　　　　　D.寻求法律建议

28.下列（　　　）不是管理会计师职业道德规范中强调的。

A.诚信　　　　　　　　　　　　　B.保密性

C.客观性　　　　　　　　　　　　D.个人利益最大化

29.管理会计师在提供财务建议时，应基于（　　　）。

A.个人经验　　　　　　　　　　　B.市场趋势

C.客户的最佳利益　　　　　　　　D.行业标准

30.管理会计师在发现潜在的利益冲突时，应采取的行动是（　　　）。

A.立即停止服务　　　　　　　　　B.寻求客户意见

C.识别并妥善处理　　　　　　　　D.忽略冲突

二、多项选择题

1.管理会计的职能包括（　　　）。

A.计划职能　　　　　B.组织职能　　　　　　C.控制职能

D.评价职能　　　　　E.核算职能

2.管理会计的目标包括（　　　）。

A.提高企业经济效益　　　　　　　B.为管理和决策提供信息

C.参与企业经营管理　　　　　　　D.编制财务报表

E.核算企业成本

3.以下关于管理会计的说法正确的有（　　　）。

A.管理会计是一个信息系统

B.管理会计为企业管理当局的目标服务

C.管理会计的主体是企业

D.管理会计只包括财务会计

E.管理会计需要解释实际计划所必需的货币性和非货币性信息

4.管理会计的形成与发展经历了（　　　）阶段。

A.以成本控制为基本特征的管理会计阶段

B.以预测、决策为基本特征的管理会计阶段

C.以重视环境适应性为基本特征的战略管理会计阶段

D.以财务核算为基本特征的管理会计阶段

E.以利润最大化为目标的管理会计阶段

5.管理会计的基本假设包括（　　　）。

A.管理会计主体假设　　　　　　　B.持续经营假设

C.会计分期假设   D.货币计量假设

E.管理会计目标假设

6.管理会计的信息质量特征包括（   ）。

A.相关性   B.准确性   C.一贯性

D.客观性   E.灵活性

7.以下（   ）属于管理会计的方法基础。

A.成本性态分析   B.边际贡献率分析   C.变动成本法

D.全面预算   E.作业成本管理

8.本量利分析的基本内容包括（   ）。

A.保本点分析   B.保利点分析   C.安全边际分析

D.利润敏感性分析   E.成本习性分析

9.作业成本法的优点包括（   ）。

A.提供了更准确的成本信息   B.强调了成本动因的重要性

C.有利于企业的成本控制和成本管理 D.简化了成本核算过程

E.提高了成本核算的准确性

10.以下属于存货管理的内容的有（   ）。

A.存货的采购管理   B.存货的存储管理

C.存货的领用管理   D.存货的销售管理

E.存货的处置管理

11.管理会计信息化的内容包括（   ）。

A.管理会计信息化系统构成   B.预算管理的信息化

C.绩效管理的信息化   D.管理会计信息化流程与安全

E.财务会计的信息化

12.管理会计在职业道德方面应遵循的原则包括（   ）。

A.诚实守信   B.客观公正   C.保守秘密

D.专业胜任   E.服务单位利益最大化

13.管理会计师在处理财务信息时应遵循的职业道德规范有（   ）。

A.确保信息的真实性和准确性   B.避免误导性陈述

C.及时披露重要信息   D.追求个人经济利益

E.保护客户信息的安全性

14.管理会计师在职业道德上应承担的责任包括（   ）。

A.对雇主保持忠诚   B.对公众负责

C.维护职业声誉   D.积极参与社会活动

E.保持专业知识的更新

15.下列行为违反了管理会计职业道德的有（   ）。

A.泄露客户的机密信息   B.故意篡改财务数据

C.为个人利益而损害单位利益

D.在未经授权的情况下使用单位资源

E.在报告中隐瞒重要事实

16.管理会计师在职业发展中应遵循的职业道德准则包括（　　　）。

A.持续学习和提升专业能力　　　　　　B.遵守行业规范和标准

C.维护公平竞争　　　　　　　　　　　D.尊重同行和竞争对手

E.追求个人荣誉和地位

17.管理会计师在职业行为中应避免的行为包括（　　　）。

A.接受可能影响独立判断的礼物　　　　B.利用职业地位牟取私利

C.参与不道德的商业活动　　　　　　　D.拒绝接受合理的监督和建

E.保持与同行的良好沟通和合作

18.下列因素会影响管理会计职业道德判断的有（　　　）。

A.个人价值观和信仰　　　　　　　　　B.组织文化和价值观

C.外部压力和期望　　　　　　　　　　D.个人经济利益

E.法律法规和道德规范

19.管理会计师在维护职业声誉方面应采取的措施包括（　　　）。

A.遵守行业规范和标准　　　　　　　　B.提供高质量的服务

C.积极参与行业活动　　　　　　　　　D.保守客户秘密

E.及时回应和解决客户问题

20.在处理客户关系时，管理会计应遵循的职业道德原则包括（　　　）。

A.尊重客户权益　　　　　　　　　　　B.保护客户隐私

C.提供准确和有用的信息　　　　　　　D.追求客户最大满意度

E.避免利益冲突

三、判断题

1.管理会计主要服务于企业内部管理决策，而不是对外报告。（　　　）

2.管理会计提供的信息通常具有高度的精确性和规范性。（　　　）

3.管理会计的职能仅包括成本计算和预算编制。（　　　）

4.管理会计报告通常遵循固定的格式和周期。（　　　）

5.管理会计的目标是帮助企业管理者制定有效的决策。（　　　）

6.管理会计不需要遵守会计准则和法规。（　　　）

7.管理会计的信息主要来源于企业的日常交易和事项。（　　　）

8.管理会计与财务会计在信息处理上没有任何联系。（　　　）

9.管理会计报告的使用者主要是企业的外部利益相关者。（　　　）

10.管理会计的职能可以随着企业环境和需求的变化而不断扩展。（　　　）

企业实操案例分析

华美塑胶制品有限公司财务部的管理会计专员正在对过去一年的产品生产成本进行详细分析，以便为新年度全面预算提供数据支持，请根据相关资料，帮助管理会计专员对2022年度可比产品进行分析（单位成本计算结果保留2位小数；涉及百分比计算结果保留百分号前2位小数）。

资料：该公司2022年度可比产品成本资料见表1-3。

表1-3　　　　　　　　2022年度可比产品成本资料

产品名称	单位	预计生产量	实际生产量	平均单位成本（元/个）		
				上年实际	本年预计	本年实际
塑料盆	个	1 630 000.00	1 645 000.00	8.35	8.31	8.37
塑料桶	个	1 240 000.00	1 253 000.00	12.21	12.15	11.96

审核：许光年　　　　　　　　　　　　　　　　　　　编制：郑凯锐

【实操一】计算2022年度可比产品成本预计降低任务完成情况（见表1-4）。

表1-4　　　2022年度可比产品成本预计降低任务完成情况计算表　　　金额单位：元

产品名称	单位	预计生产量	总成本		上年实际与本年预计降低情况	
			按上年实际平均单位成本	按本年预计平均单位成	降低额	降低率
塑料盆	个					
塑料桶	个					

【实操二】计算2022年度可比产品成本实际降低任务完成情况，并填入表1-5中。

表1-5　　　2022年度可比产品成本实际降低任务完成情况计算表　　　金额单位：元

产品名称	单位	实际生产量	总成本			上年实际与本年实际降低情况	
			按上年实际平均单位成本	按本年预计平均单位成本	按本年实际平均单位成本	降低额	降低率
塑料盆	个						
塑料桶	个						

【实操三】分析2022年度可比产品的单位成本，并填入表1-6中。

表1-6　　　　　　　2022年度可比产品单位成本分析表　　　金额单位：元

产品名称	单位	上年实际单位成本	本年单位本成		上年实际与本年预计		上年实际与本年实际
			预计	实际	增减额	增减率	增减率	增减率
塑料盆	个						
塑料桶	个						

【案例分析】

【实操一】以塑料盆产品为例，塑料桶计算方法类似（见表1-7）。

表1-7　　　　　　　　　2022年度可比产品成本预计降低任务完成情况计算表

产品名称	单位	预计生产量	实际生产量	平均单位成本（元/个）		
				上年实际	本年预计	本年实际
塑料盆	个	1 630 000.00	13 610 500.00	13 545 300.00	65 200.00	0.48%
塑料桶	个	1 240 000.00	15 140 400.00	15 066 000.00	74 400.00	0.49%

1）预计生产量=1 630 000.00个；通过"2022年度可比产品成本资料表"查找数据。

2）按上年实际平均单位成本=1 630 000.00×8.35=13 610 500.00（元）；通过"2022年度可比产品成本资料表"查找数据。

3）按本年预计平均单位成本=1 630 000.00×8.31=13 545 300.00（元）；通过"2022年度可比产品成本资料表"查找数据。

4）上年实际与本年预计降低情况（降低额）=按上年实际平均单位成本−按本年预计平均单位成本=13 610 500.00−13 545 300.00=65 200.00（元）。

5）上年实际与本年预计降低情况（降低率）=上年实际与本年预计降低情况（降低额）/按上年实际平均单位成本=65 200.00÷13 610 500.00×100%=0.48%。

【实操二】以塑料盆产品为例，塑料桶计算方法类似（见表1-8）。

表1-8　　　　　　　2022年度可比产品成本实际降低任务完成情况计算表　　　　全额单位：元

产品名称	单位	实际生产量	总成本			上年实际与本年实际降低情况	
			按上年实际平均单位成本	按本年预计平均单位成本	按本年实际平均单位成本	降低额	降低率
塑料盆	个	1 645 000.00	13 735 750.00	13 669 950.00	13 768 650.00	−32 900.00	−0.24%
塑料桶	个	1 253 000.00	15 299 130.00	15 223 950.00	14 985 880.00	313 250.00	2.05%

1）实际生产量=1 645 000.00个；通过"2022年度可比产品成本资料表"查找数据。

2）按上年实际平均单位成本=1 645 000.00×8.35=13 735 750.00（元）；通过"2022年度可比产品成本资料表"查找数据。

3）按本年预计平均单位成本=1 645 000.00×8.31=13 669 950.00（元）；通过"2022年度可比产品成本资料表"查找数据。

4）按本年实际平均单位成本=1 645 000.00×8.37=13 768 650.00（元）；通过"2022年度可比产品成本资料表"查找数据。

5）上年实际与本年实际降低情况（降低额）=按上年实际平均单位成本−按本年实际平均单位成本=13 735 750.00−13 768 650.00=−32 900.00（元）。

6）上年实际与本年实际降低情况（降低率）=上年实际与本年实际降低情况（降低额）/按上年实际平均单位成本=−32 900.00÷13 735 750.00×100%=−0.24%。

【实操三】以塑料盆产品为例，塑料桶计算方法类似（见表1-9）。

表1-9　　　　　　　　　　2022年度可比产品单位成本分析表　　　　　金额单位：元

产品名称	单位	上年实际单位成本	本年单位本成		上年实际与本年预计		上年实际与本年实际	
			预计	实际	增减额	增减率	增减率	增减率
塑料盆	个	8.35	8.31	8.37	0.04	0.48%	-0.02	-0.24%
塑料桶	个	12.21	12.15	11.96	0.06	0.49%	0.25	2.05%

1）上年实际单位成本=8.35元；通过"2022年度可比产品成本资料表"查找数据。

2）本年单位成本（预计）=8.31元；通过"2022年度可比产品成本资料表"查找数据。

3）本年单位成本（实际）=8.37元；通过"2022年度可比产品成本资料表"查找数据。

4）上年实际与本年预计（增减额）=上年实际单位成本-本年单位成本（预计）=8.35-8.31=0.04（元）。

5）上年实际与本年预计（增减率）=上年实际与本年预计（增减额）/上年实际单位成本=0.04÷8.35×100%=0.48%。

6）上年实际与本年实际（增减额）=上年实际单位成本-本年单位成本（预计）=8.35-8.37=-0.02（元）。

7）上年实际与本年实际（增减率）=上年实际与本年实际（增减额）/上年实际单位成本=-0.02÷8.35=-0.24%。

华美塑胶制品有限公司管理会计专员通过成本分析，找出影响产品成本升降的因素，分析差异产生原因，掌握成本变动规律，并采取有效控制措施，最终实现降低成本的目标。

注：详细分析过程请扫描二维码观看企业导师实操处理。

企业实操案例

分析

项目二

预算管理

[知识目标]

◇识读预算管理概念及作用；

◇遵守预算管理应遵循的原则；

◇认知全面预算的内容；

◇掌握预算的管理体系。

[技能目标]

◇能够熟练掌握全面预算的编制方法；

◇能够熟练掌握预算的编制、执行、反馈与调整；

◇能够通过制定全面预算，提高企业日常与战略管理的积极性和主动性，增加企业和社会财富。

[素养目标]

◇以"凡事预则立，不预则废"为素养主线，树立预算管理理念。

学习建议

预算是一种系统的方法，用来分配企业的财务、实物及人力等资源，以实现企业既定的战略目标。在学习过程中，建议重点理解预算管理的编制流程，并在此基础上学习各项公式计算。

◼ 思维导图

```
                                              认知全面预算管理

                                              预算管理的内容
                          全面预算管理概述
                                              预算管理的原则

                                              预算管理的基础环境


                                              预算管理编制流程

                          编制预算的准备知识    预算管理编制期

                                              预算管理的方法

                          销售预算的编制

         预算管理           生产预算的编制

                          直接材料预算的编制

                          直接人工预算的编制

                          制造费用预算的编制

                          销售及管理费用预算的编制
```

◼ 企业实际工作实操导入

一、背景介绍

雅韵服饰："人人成为经营者"的全面预算管理实践

雅韵服饰有限公司成立于2018年3月，是一家集成衣设计开发、生产和销售为一体男装企业，主要生产休闲西服和休闲西裤。公司产品风格突出"休闲、时尚、修身"，始终坚持"让品位更具时尚，让时尚更具品位"的设计原则，受到广大顾客的一致好评。

2018—2020年，公司处于初创阶段，管理层工作重点在业务模式探索，开拓市场，预算缺少管理层支持，各部门无法协同，没有办法由上自下进行推行，最后变成财务部门的工作，最终导致预算目标设置不合理，预算指标脱离业务实际，难以形成有效的预算管理。

从2021年开始，公司处于发展中阶段，管理层注意到了这个问题，开始着手建立完善各项规章制度，健全内部约束机制，优化资源配置、完善考核机制、加强内部控制，建立全面预算管理体系，开始进行"人人成为经营者"的全面预算管理实践。具体过程如下：

（1）专设预算管理委员会负责全面预算管理事宜。预算管理委员会对公司董事会负责，由总经理任组长，副总经理和财务经理任副组长，各部门负责人任组员。各部门负责人配合总经理、副总经理和财务经理做好总预算平衡、协调、分析、控制、考核等工作。

（2）制定合理预算指标，并与绩效考评挂钩。通过绩效评价，企业能够促进员工的主观能动性，从而提高工作效率。

（3）将预算指标层层分解，落实到各部门、各环节和各岗位，从而形成全方位的预算执行责任体系。

（4）将预算跟踪和分析作为预算管控的重点，深入挖掘造成偏差的原因，为管理层决策提供支持。

未来，公司将继续运用管理会计的工具参与日常经营管理，发挥其在规划、决策、控制和评价等方面的作用。

二、问题导入

2023年1月8日，雅韵服饰有限公司2022年度工作总结暨2023年工作计划在4楼报告厅举行，会议由总经理主持，各部门经理一起回顾过去一年的工作，总结经验教训，并启动2023年度全面预算编制工作。

总经理在会议上指出，服装是衣食住行的生活必需品之一，在可选消费中更加偏向基础消费，休闲男装市场未来仍将保持增长态势。因此，我们要制定更加明确的预算，合理控制成本支出，加大研发投入，推出更具竞争力的男装款式，加大营销力度，提高品牌知名度和市场份额。

公司通过有效运用全面预算管理工具，促进内部人、财、物、供、产、销各个环节资源有效整合，收入持续增长，成本费用得到有效控制，利润大幅提升。

微课2-1

企业实操应
用导学预算
管理

任务一　全面预算管理概述

一、认知全面预算管理

预算是一种系统的方法，用来分配企业的财务、实物及人力等资源，以实现企业既定的战略目标。企业可以通过预算来监控战略目标的实施进度，有助于控制开支，预测企业的现金流量与利润。

全面预算反映的是企业未来某一特定期间（一般不超过一年或一个经营周期）的全部生产、经营活动的财务计划，它以实现企业的目标利润（企业一定期间内利润的预计额，是企业奋斗的目标，根据目标利润制定作业指标，如销售量、生产量、成本、资金筹集额等）为目的，以销售预测为起点，进而对生产、成本及现金收支等进行预测，并编制预计损益表、预计现金流量表和预计资产负债表，反映企业在未来期间的财务状况和经营成果。

二、预算管理的内容

全面预算是由一系列预算按其经济内容及相互关系排列组成的有机体。预算的编制方法随企业的性质和规模不同而变化，但完整的全面预算一般包括经营预算、专门决策预算和财务预算三个组成部分。

经营预算（又称业务预算），是指与企业日常业务直接相关的一系列预算，包括销售预算、生产预算、采购预算、费用预算、人力资源预算等。

专门决策预算，是指企业重大的或不经常发生的、需要根据特定决策编制的预算，包括投融资决策预算等。

财务预算，是指与企业资金收支、财务状况或经营成果等有关的预算，包括资金预算、预计资产负债表、预计利润表等。

三、预算管理的原则

1.战略导向原则

预算管理应围绕企业的战略目标和业务计划有序开展，引导各预算责任主体聚焦战略、专注执行、达成绩效。也就是说进行预算管理，最终的目的就是实现企业的战略目标。

2.过程控制原则

预算管理应通过及时监控、分析等来把握预算目标的实现进度并实施有效评价，为企业经营决策提供有效支撑。

3.融合性原则

预算管理应以业务为先导、以财务为协同，将预算管理嵌入企业经营管理活动的各个领域、层次、环节。其实简单来说就是企业中的每个人、每个部门都要参与到预算管理当中。

4.平衡管理原则

预算管理应平衡长期目标与短期目标、整体利益与局部利益、收入与支出、结果与动因等关系，从而促进企业的可持续发展。

5.权变性原则

预算管理应刚性与柔性相结合，强调预算对经营管理的刚性约束，又可根据内外环境的重大变化调整预算，并针对例外事项进行特殊处理。

四、预算管理的基础环境

企业实施预算管理的基础环境包括战略目标、业务计划、组织架构、内部管理制度、信息系统等。其中，战略目标是指企业应按照战略目标，确立预算管理的方向、重点和目标，并将战略目标和业务计划具体化、数量化，从而作为预算目标，促进战略目标落地。

业务计划是指按照战略目标对业务活动的具体描述和详细计划。

组织架构是指企业可设置预算管理委员会等专门机构组织、监督预算管理工作。该机构的主要职责包括：审批公司预算管理制度、政策，审议年度预算草案或预算调整草案并报董事会等机构审批，监控、考核本单位的预算执行情况并向董事会报告，进行协调。

内部管理制度是指企业应建立健全预算管理制度、会计核算制度、定额标准制度、内部控制制度、内部审计制度、绩效考核和激励制度等内部管理制度，夯实预算管理的制度基础。

任务二　编制预算的准备知识

微课 2-2

编制预算准
备知识

一、预算管理编制流程

企业一般按照分级编制、逐级汇总的方式，采用自上而下、自下而上、上下结合或多维度相协调的流程编制预算。

预算编制流程与编制方法的选择应与企业现有管理模式相适应。

第一步，确定企业计划期间生产经营的总目标。根据企业发展战略和年度经营目标，通过测算和分析，预算下一年度的全面预算目标。

第二步，分解目标，下达到各预算责任中心。有总目标之后，就要对总目标进行层层分解，逐步完成，落实到各个职能部门，使各个职能部门和员工明确计划期间各自的工作目标和应采取的措施。

第三步，各预算责任中心编制预算草案。各责任中心按照下达的预算目标和预算政策，结合自身特点以及预测的执行条件，认真拟定本责任中心的预算草案。

第四步，审核并协调各责任中心的预算草案。由预算管理机构或上级部门对责任中心提交的预算草案进行审核、修订，帮助各预算责任中心解决在预算编制过程中出现的各种问题，并及时反馈。

第五步，通过反复协调平衡，集合汇总成整个企业的全面预算，报请企业最高部门审核批准。

第六步，定期检查预算执行情况，及时反馈给执行部门，并对预算执行结果进行分析，为下一期预算的编制提供改进意见。

二、预算管理编制期

不同种类的预算，其编制期往往各不相同。

一般来说，由于经济预算和财务预算是经常性预算，一次性专门业务预算是一次性预算，为便于对比考核，其编制期通常与会计年度保持一致，通常以一年为期，所以又称短期预算，在此基础上，有些年度预算还可以根据企业实际需要，按季、按月、按周甚至按天编制。

而专门决策预算中的资本支出预算由于具有不经常性，并且投资项目涉及时间跨度较长的特点，其编制期通常确定在一年以上，因此称为长期预算。

此外，在预算编制的具体时间上，可以由企业根据自身的实际需要来确定。

三、预算管理的方法

对企业来说，编制预算常常是指编制全面预算。预算管理的内容共同构成了全面预算。全面预算作为一种全方位、全过程、全员参与编制与实施的预算管理模式，是企业内部管理控制的一种主要方法。

它包括经营预算、专门决策预算和财务预算三个组成部分，构成内容比较复杂，因此，企业编制时需要考虑预算期内生产经营活动可能发生变动的情况，并根据其特点，采用适当的方法，主要有以下几种方法：

（一）弹性预算与固定预算

弹性预算，是指企业在分析业务量与预算项目之间数量依存关系的基础上，分别确定不同业务量及其相应预算项目所消耗资源的预算编制方法。

它适用于企业各项预算的编制，特别是市场、产能等存在较大不确定性，且其预算项目与业务量之间存在明显的数量依存关系的预算项目。

与弹性预算相对的是固定预算。

固定预算是指以预算期内正常的、最可能实现的某一业务量水平为固定基础，不考虑可能发生的、变动的预算编制方法。

其中业务量是指企业销售量、产量、作业量等与预算项目相关的弹性变量。

（二）零基预算和增量预算

零基预算是指企业不以历史期经济活动及其预算为基础，以零为起点，从实际需要出发分析预算期经济活动的合理性，经综合平衡，形成预算的编制方法。

它适用于企业各项预算的编制，特别是不经常发生的预算项目或预算编制基础变化较大的项目。

与零基预算相对的是增量预算。

它是指以历史期实际经济活动及其预算为基础，结合预算期经济活动及相关影响因素的变动情况，通过调整历史期经济活动项目及金额形成预算的编制方法。

（三）滚动预算与定期预算

滚动预算是指企业根据上一期预算执行情况和新的预测结果，按既定的预算编制周期和滚动频率，对原有的预算方案进行调整和补充，逐期滚动，持续推进的预算编制方法。

其中，预算编制周期是指每次预算编制所涵盖的时间跨度。

滚动频率是指调整和补充预算的时间间隔，一般以月度、季度、年度等为滚动频率。

滚动预算一般由中期滚动预算和短期滚动预算组成。中期滚动预算的预算编制周期通常为3年或5年，以年度作为预算滚动频率。短期滚动预算通常以1年为预算编制周期，以月度、季度作为预算滚动频率。

而定期预算是指以固定预算期作为编制期间的预算编制方法。

（四）作业预算

作业预算是指基于"产出消耗作业、作业消耗资源"的原理，以作业管理为基础的预算管理方法。其主要适用于具有作业类型较多且作业链较长、管理层对预算编制的准确性要求较高、生产过程多样化程度较高，以及间接或辅助资源费用所占比重较大等特点的企业。

这就是编制预算常见的四组工具方法。企业在编制预算前，要根据自身实际情况，选择适合的预算工具。

任务三　销售预算的编制

微课2-3

编制销售预算

销售预算是编制全面预算的起点，也是编制其他各种预算的基础，它是指在销售预测的基础上，根据"以销定产"的原则，对预算期内各种产品的销售数量、单价和销售收入进行规划和测算而编制的预算。在实际工作中，为便于现金预算的编制，往往还包括对销售收入回收情况的预测。

销售预算的主要内容是销售量、单价和销售收入。其中销售量是根据市场预算或销货合同量以及企业生产能力来确定的；单价是由价格决策确定的。

销售预算主要由销售部门负责编制，通常要分品种、月份、销售区域来编制。

主要公式有：

预计销售收入=预计销售单价×预计销售量

预计现金收入=该期现销含税收入+该期回收以前期的应收账款

【案例2-1】雅韵服饰基期期末的应收账款余额为110 000元，计划年度产销休闲西服和休闲西裤两种产品，预计销售情况见表2-1。

表2-1　　　　　　　　　雅韵服饰公司预计销售情况　　　　　　　　　单位：件

项目	休闲西服	休闲西裤
预计一季度销售量	800	900
预计二季度销售量	1 000	1 000
预计三季度销售量	900	1 100
预计四季度销售量	900	1 000

休闲西服每件预计售价为500元，休闲西裤每件预计售价为400元，每季的商品销售占当季收到货款的60%，其余部分在下季收讫，则该公司的销售预算见表2-2。

表2-2　　　　　　　　　雅韵服饰的销售预算

摘要	第一季度		第二季度		第三季度		第四季度	
	休闲西服	休闲西裤	休闲西服	休闲西裤	休闲西服	休闲西裤	休闲西服	休闲西裤
预计销售量（件）	800	900	1 000	1 000	900	1 100	900	1 000
销售单价（元/件）	500	400	500	400	500	400	500	400
预计销售金额	400 000	360 000	500 000	400 000	450 000	440 000	450 000	400 000

续表

摘要		第一季度		第二季度		第三季度		第四季度	
		休闲西服	休闲西裤	休闲西服	休闲西裤	休闲西服	休闲西裤	休闲西服	休闲西裤
预计现金收入计算表	期初应收款余额	110 000							
	一季度销售收入	456 000		304 000					
	二季度销售收入			540 000		360 000			
	三季度销售收入					534 000		356 000	
	四季度销售收入							510 000	
	合计	566 000		844 000		894 000		866 000	
	期末应收账款余额				340 000				

【互动思考】请同学们想一想，企业有哪些方法可以预测产品在下一年度的销售情况？欢迎你进一步思考，进入在线课平台，与编者进一步互动。

任务四　生产预算的编制

微课 2-4

编制生产预算

生产预算是以销售预算为基础，对预算期内各种产品的生产数量进行规划与测算而编制的预算。

其编制的主要依据是销售预算中每季或每月的预计销售量，以及每季或每月的期初、期末存货量。生产预算的主要公式是：

预计生产量=预计销售量+计划期末预计存货量-计划期初存货量

其中，"预计销售量"可在销售预算中找到；"计划期末预计存货量"通常按下期销售量的一定百分比确定；"计划期初存货量"是上期的存货的期末余额。

生产预算主要由生产部门负责编制。与销售预算相对应，生产预算的编制期间一般为一年，年内可按产品品种进行分季或分月编制。

【案例 2-2】根据存货管理要求，雅韵服饰计划年度休闲西服、休闲西裤两种产品的库存情况见表 2-3。

表2-3　　　　雅韵服饰计划年度库存情况

项目	休闲西服产成品（件）	休闲西裤产成品（件）
计划期初存量	200	100
预计一季度季末存量	800	200
预计二季度季末存量	1 000	200

项目	休闲西服产成品（件）	休闲西裤产成品（件）
预计三季度季末存量	1 000	150
预计四季度季末存量	1 100	150

根据已知条件，编制雅韵服饰休闲西服和休闲西裤的生产预算（见表2-4和表2-5）。

表2-4　　　　　　　　　　雅韵服饰休闲西服生产预算

项目	一季度	二季度	三季度	四季度	全年小计
预计销售量	800	1 000	900	900	3 600
加：期末存货	800	1 000	1 000	1 100	3 900
合计	1 600	2 000	1 900	2 000	7 500
减：期初存货	200	800	1 000	1 000	3 000
预计生产量	1 400	1 200	900	1 000	4 500

表2-5　　　　　　　　　　雅韵服饰休闲西裤生产预算

项目	一季度	二季度	三季度	四季度	全年小计
预计销售量	900	1 000	1 100	1 000	4 000
加：期末存货	200	200	150	150	700
合计	1 100	1 200	1 250	1 150	4 700
减：期初存货	100	200	200	150	650
预计生产量	1 000	1 000	1 050	1 000	4 050

【互动思考】请同学们想一想，为什么企业的生产和销售不能做到"同步同量"，而必须设置一定的存货呢？欢迎你进一步思考，进入在线课平台，与编者进一步互动。

任务五　直接材料预算的编制

微课2-5

编制直接材料预算

直接材料预算又称直接材料采购预算，是在生产预算的基础上，为直接材料采购活动编制的预算。

在实际工作中，为便于现金预算的编制，在直接材料预算中往往还包括对材料采购方面预期的现金支出。

编制直接材料预算与编制生产预算相似，也要考虑到预算期内期初与期末的存料数量，应注意采购量、耗用量与库存量之间保持合理比例，从而避免材料供应不足或积压的情况。

编制直接材料预算的主要依据有：单位产品直接材料耗用量、生产需用量、期初和期末存量、预计材料采购量和预计采购金额等。

直接材料预算主要由物资供应部门负责，编制时一般先按材料品种分别计算预计购料量，再乘以计划采购单价，确定预计购料金额。

主要公式有：

预计生产需用量=预计生产量×单位产品材料耗用量

预计材料采购量=预计生产需用量+预计期末材料存量-预计期初材料存量

预计材料采购成本=预计材料采购量×预计单位采购成本

预计现金支出=该期采购材料现金支出+该期支付以前期的应付账款

其中，预计生产量来源于生产预算；单位材料耗用量来源于标准成本资料或消耗定额资料；预计期末材料存量根据预算期内生产需要量的百分比确定；预计期初材料存量是上期的期末存量；年初和年末材料存量根据当前情况和长期销售预测估计。

【案例2-3】雅韵服饰计划年度休闲西服，休闲西裤产品的材料消耗定额见表2-6。

表2-6　　　　　　　　　　材料消耗定额表

项目	休闲西服	休闲西裤
甲材料	20千克	16千克
乙材料	16千克	10千克

根据存货管理要求，计划年度各种材料的结余情况预计见表2-7。

表2-7　　　　　　　　　　材料结余情况表　　　　　　　　　　单位：千克

项目	甲材料	乙材料
计划期初存量	9 000	7 000
一季度末存量	10 000	8 000
二季度末存量	11 000	10 000
三季度末存量	11 000	10 000
四季度末存量	10 000	9 000

已知甲材料每千克采购价2元，乙材料每千克采购价5元，应付账款期初余额为90 000元，每季度的购料款当季度支付50%，其余在下季度支付。

根据已知条件，编制雅韵服饰的直接材料预算表（见表2-8、表2-9和表2-10）。

表2-8　　　　　　　　雅韵服饰计划年度甲材料采购预算

项目	一季度	二季度	三季度	四季度	全年小计
休闲西服生产量（件）	1 400	1 200	900	1 000	4 500
休闲西服单耗（千克/件）	20	20	20	20	20

续表

项目	一季度	二季度	三季度	四季度	全年小计
休闲西服材料耗用量（千克）	28 000	24 000	18 000	20 000	90 000
休闲西裤生产量（件）	1 000	1 000	1 050	1 000	4 050
休闲西裤单耗（千克/件）	16	16	16	16	16
休闲西裤材料耗用量（千克）	16 000	16 000	16 800	16 000	64 800
合计材料耗用量	44 000	40 000	34 800	36 000	154 800
加：期末存量（千克）	10 000	11 000	11 000	10 000	42 000
减：期初存量（千克）	9 000	10 000	11 000	11 000	41 000
预计购料量（千克）	45 000	41 000	34 800	35 000	155 800
计划单价（元/千克）	2	2	2	2	2
预计采购金额（元）	90 000	82 000	69 600	70 000	311 600

表2-9　　　　　　　　　雅韵服饰计划年度乙材料采购预算

项目	一季度	二季度	三季度	四季度	全年小计
休闲西服生产量（件）	1 400	1 200	900	1 000	4 500
休闲西服单耗（千克/件）	16	16	16	16	16
休闲西服材料耗用量（千克）	22 400	19 200	14 400	16 000	72 000
休闲西裤生产量（件）	1 000	1 000	1 050	1 000	4 050
休闲西裤单耗（千克/件）	10	10	10	10	10
休闲西裤材料耗用量（千克）	10 000	10 000	10 500	10 000	40 500
合计材料耗用量	32 400	29 200	24 900	26 000	112 500
加：期末存量（千克）	8 000	10 000	10 000	9 000	37 000
减：期初存量（千克）	7 000	8 000	10 000	10 000	35 000
预计购料量（千克）	33 400	31 200	24 900	25 000	114 500
计划单价（元/千克）	5	5	5	5	5
预计采购金额（元）	167 000	156 000	124 500	125 000	572 500

表2-10　　　　　　　　　　雅韵服饰计划年度应付账款预算　　　　　　　　单位：元

项目	金额及发生额	每季度应付数			
		1	2	3	4
应付账款期初金额	90 000	90 000			
第一季度采购额	257 000	128 500	128 500		
第二季度采购额	238 000		119 000	119 000	
第三季度采购额	194 100			97 050	97 050
第四季度采购额	195 000				97 500
应付账款期末余额	97 500				
合计		218 500	247 500	216 050	194 550

微课2-6

编制直接人工预算

任务六　直接人工预算的编制

直接人工预算是以生产预算为基础，根据标准工资率、标准单位直接人工工时、其他直接费用计提标准等资料，对预算期内人工工时的消耗和人工成本所做的经营预算。

编制直接人工预算的主要依据是：生产预算中的预计生产量、单位产品工时、单位工时人工成本和人工总成本。

特别注意，由于人工工资都需要使用现金支付，因此，不需要另外预计现金支出，这也是直接人工和直接材料不同的地方。

直接人工预算主要由生产部门或劳动人事部门负责。

相关计算公式如下：

预计直接人工工时=单位产品所需直接人工工时×预计生产量

预计直接人工总成本=每小时人工成本×预计直接人工工时

【案例2-4】雅韵服饰生产的休闲西服、休闲西裤计划期内单位产品所需直接人工工时，预计单位工时定额分别为10小时/件和20小时/件，每小时工资6元。

通过已知条件，编制雅韵服饰的直接人工预算（见表2-11至表2-13）。

表2-11　　　　　　　雅韵服饰计划年度休闲西服直接人工预算

摘要	一季度	二季度	三季度	四季度	全年
预计生产量（件）	1 400	1 200	900	1 000	4 500
标准工时（小时/件）	10	10	10	10	10
预计工时（小时）	14 000	12 000	9 000	10 000	45 000
标准工资率（元/小时）	6	6	6	6	6
直接人工成本总额（元）	84 000	72 000	54 000	60 000	270 000

表2-12　　　　雅韵服饰计划年度休闲西裤直接人工预算

摘要	一季度	二季度	三季度	四季度	全年
预计生产量（件）	1 000	1 000	1 050	1 000	4 050
标准工时（小时/件）	20	20	20	20	20
预计工时（小时）	20 000	20 000	21 000	20 000	81 000
标准工资率（元/小时）	6	6	6	6	6
直接人工成本总额（元）	120 000	120 000	126 000	120 000	486 000

表2-13　　　　　雅韵服饰计划年度直接人工预算

摘要	休闲西服	休闲西裤	合计
预计生产量（件）	4 500	4 050	
标准工时（小时/件）	10	20	
预计工时（小时）	45 000	81 000	126 000
标准工资率（元/小时）	6	6	6
直接人工成本总额	270 000	486 000	756 000

任务七　制造费用预算的编制

微课2-7

编制制造费用预算

制造费用预算是在生产预算或直接人工预算的基础上，对预算期内完成预计生产任务发生的除直接材料和直接人工以外的其他一切生产费用的预算。

编制制造费用预算时，通常按成本习性将制造费用分为变动费用、固定费用两大类，并分别列示。

固定性制造费用可在上年的基础上根据预期变动加以适当修正进行预计，也可采用零基预算逐项预计再汇总；变动性制造费用是以生产预算为基础编制的，根据预计生产量乘以单位产品预定分配率进行预计。

编制制造费用预算的主要依据是：计划期的一定业务量（如直接人工小时总数等）；计划期成本费用分配率指标；计划期各项费用明细项目的具体构成等。

制造费用预算的编制主要由生产部门负责。

注意：制造费用预算，除了折旧费以外都需要支付现金。为了便于现金预算的编制，还需要预计其中的现金支出。将制造费用预算总额扣除折旧费后，调整为现金支出的费用。

【案例2-5】雅韵服饰计划年度预计制造费用总额168 900元，具体构成如下：休闲西服、休闲西裤分别承担折旧费15 000元和10 000元，管理、保险、维护等其他固定性制造费用分别为休闲西服产品15 000元，休闲西裤16 000元，变动性制造费用分配率分别为休闲西服1.1元/小时，休闲西裤0.8元/小时。

根据已知条件，编制雅韵服饰制造费用预算（见表2-14）。

表2-14　　　　　　　雅韵服饰计划年度制造费用预算

项目		休闲西服	休闲西裤	合计
变动性制造费用	预计工时（小时）	45 000	81 000	合计
	标准分配率（元/小时）	1.1	0.8	
	小计	49 500	64 800	114 300
固定性制造费用（元）		15 000	16 000	31 000
合计（元）		64 500	80 800	145 300
减：沉没成本（元）		15 000	10 000	25 000
付现费用（元）		49 500	70 800	120 300

制造费用预计每季现金支出总额：120 300÷4=30 075（元）

任务八　产品成本预算的编制

微课2-8

编制产品成本预算

产品成本预算是在销售预算、生产预算、直接材料预算、直接人工预算和制造费用预算五种预算的基础上，对预算期内的单位产品成本和生产总成本进行规划与测算而编制的预算。

在实际工作中，为便于编制预计利润表和预计资产负债表，在正表下面附有期末存货预算，以反映期末存货数量和存货金额。

产品成本预算的主要内容是产品的单位成本和总成本，其中总成本又分为了生产成本、销售成本和期末产品存货成本三部分。主要计算公式有：

生产（销货、存货）总成本=生产（销货、存货）数量×单位成本

其中：生产数量和期末存货数量依据生产预算而来，销售数量依据销售预算而来。

单位产品直接材料预算成本=单位产品直接材料预算耗用量×计划单价

单位产品直接人工预算成本=单位产品工时标准×预算工资率

单位产品变动性制造费用预算成本=单位产品工时标准×预算变动性制造费用分配率

$$单位产品生产成本=\frac{单位产品直接}{材料预算成本}+\frac{单位产品直接}{人工预算成本}+单位产品变动性制造费用预算成本$$

产品成本预算一般由生产部门负责，也可汇总到财会部门编制。编制时，将料、工、费三大项目的价格标准与用量标准分别相乘，然后加以汇总。

【案例2-6】若雅韵服饰采用变动成本计算法，即单位产品成本只包括直接材料、直接人工和变动性制造费用，而固定性制造费用则全部直接列入利润表内，作为边际贡献总额的减项。

根据上述有关预算资料编制的产品成本预算（见表2-15）。

表2-15　　　　　　雅韵服饰计划年度产品成本及期末存货预算

成本项目		休闲西服				休闲西裤			
		单耗	单价（元）	单位成本（元）	生产成本（元）（4 500件）	单耗	单价（元）	单位成本（元）	生产成本（元）（4 050件）
直接材料	甲材料	20	2	40	180 000	16	2	32	129 600
	乙材料	16	5	80	360 000	10	5	50	202 500
直接人工		10	6	60	27 000	20	6	120	486 000
变动性制造费用		10	1.1	11	49 500	20	0.8	16	64 800
合计		—	—	191	859 500			218	882 900

期末存货预算	摘要	休闲西服	休闲西裤	合计
	期末存货数量（件）	1 100	150	—
	标准成本（元/件）	191	218	—
	期末存货金额（元）	210 100	32 700	242 800

任务九　销售及管理费用预算的编制

销售费用预算是以销售预算为基础，为实现销售预算而需要的费用预算。

销售费用一般由销售部门负责编制。

编制时要分析销售收入、销售利润和销售费用之间的关系。编制方法与制造费用预算的编制方法接近，可以划分为变动性销售费用和固定性销售费用两部分。

相关的计算公式有：

预计变动性销售费用=单位产品变动性销售费用×预计销售量

或者：

预计变动性销售费用=变动性销售费用率×预计销售收入

管理费用预算是指一般行政管理业务所必需的费用预算。编制方法类似于制造费用的编制方法。

为便于编制现金预算，在管理费用预算中还包括相应的现金支出预算。

管理费用预算一般由企业行政管理部门负责编制。

【案例2-7】雅韵服饰计划年度的销售及管理费用构成为：休闲西服、休闲西裤的固定费用分别为10 000元和20 000元；单位变动费用分别为1元和2元。

根据条件编制雅韵服饰计划年度销售及管理费用预算表（见表2-16）。

微课2-9

编制销售及管理费用预算

表2-16　　　　　　　　雅韵服饰计划年度销售及管理费用预算表

摘要	休闲西服	休闲西裤	合计
预计销售量（件）	3 600	4 000	7 600
单位变动费用（元）	1	2	—
预计变动费用（元）	3 600	8 000	11 600
预计固定费用（元）	10 000	20 000	30 000
合计（元）	13 600	28 000	41 600

启智润心

在时代的浪潮中，新时代青年宛如那扬帆起航的船只，在面临人生选择这一重大课题时，有着至关重要的考量。这就如同企业在面对预算管理方法的抉择一样，绝不能毫无主见、人云亦云，更不能盲目地随波逐流、跟风而行。因为每一次选择都像是在人生的棋盘上落下关键一子，牵一发而动全身。

新时代青年要清醒地认识到，自己是独一无二的个体，有着独特的梦想、兴趣、能力和价值观。这就需要从自身的实际情况出发，如同探险家在出发前仔细研究地图那般，认真地对自身条件和外部环境进行分析研判。深入剖析自己的优势与不足，了解自己内心真正渴望追求的目标是什么。无论面对哪些选择，都要经过深思熟虑，权衡利弊，选择一条真正契合自己灵魂、适合自己发展的道路。这条道路或许布满荆棘，但因为是基于对自己深刻理解后的抉择，青年们便有了披荆斩棘的勇气和决心；这条道路或许充满挑战，但它承载着青年们的梦想和希望，引领着他们向着光明的未来坚定前行。

新质生产力与预算管理

在当今时代，新质生产力的不断涌现为预算管理带来了新的机遇和挑战，两者之间存在着紧密的联系。

一、改变预算编制基础

新质生产力通常伴随着新兴技术、创新商业模式和新的市场需求。例如，人工智能、大数据、区块链等技术的广泛应用，使得企业的业务模式和收入来源发生了重大变化。在预算编制过程中，需要重新评估这些新因素对企业收入、成本和利润的影响，调整预算编制的基础假设。

二、拓展预算管理范围

新质生产力的发展往往会催生新的业务领域和产品服务。企业为了适应市场变化，可能会涉足新的行业或拓展现有业务的边界。这就需要预算管理将这些新的业务活动纳入管理范围，制定相应的预算目标和控制措施。

三、提高预算准确性要求

新质生产力的快速发展使得市场环境更加复杂多变，企业面临的不确定性增加。这就对预算管理的准确性提出了更高的要求。预算编制者需要更加准确地预测市场趋势、技术发展和竞争态势，以便制定合理的预算目标。

四、推动预算管理创新

新质生产力的出现促使企业不断创新管理模式和方法，预算管理也需要与时俱进，进行创新和改进。例如，采用滚动预算、弹性预算等更加灵活的预算编制方法，以适应市场变化；利用大数据分析和人工智能技术，提高预算分析和决策的科学性以及准确性。

因此，预算管理与新质生产力之间存在着密切的联系。新质生产力的发展为预算管理带来了新的挑战和机遇，而预算管理也可以促进新质生产力的发展。在新的时代背景下，企业需要不断创新预算管理理念和方法，以适应新质生产力的发展要求，实现企业的可持续发展。

资料来源：部分内容是作者根据文心一言问答而来。

职业技能等级测试

职业技能
等级测试

一、单项选择题

1.在预算管理中，确定预算目标的依据通常不包括（　　　）。

A.企业战略规划　　　　　　　　　　B.市场需求预测

C.员工个人意愿　　　　　　　　　　D.历史经营数据

2.在预算编制过程中，以下（　　　）因素对销售预算的影响最大。

A.生产能力　　　　　　　　　　　　B.原材料价格

C.市场竞争状况　　　　　　　　　　D.企业管理水平

3.预算管理的主要目的之一是（　　　）。

A.增加企业利润　　　　　　　　　　B.提高员工福利

C.扩大市场份额　　　　　　　　　　D.减少税收支出

4.在弹性预算中，业务量变动范围的确定主要依据（　　　）。

A.历史最高业务量　　　　　　　　　B.历史最低业务量

C.预期业务量波动幅度　　　　　　　D.行业平均业务量

5.企业编制零基预算时，首先要确定的是（　　　）。

A.预算期内的业务活动　　　　　　　B.预算期内的费用项目

C.预算期内的收入来源　　　　　　　D.预算期内的成本构成

6.在预算管理中，以下（　　　）预算主要用于资本性支出决策。

A.经营　　　　　B.财务　　　　　C.专门决策　　　　　D.滚动

7.预算执行的关键环节是（　　　）。

A.预算分解　　　B.预算控制　　　C.预算调整　　　　D.预算考核

8.以下（　　）指标不能反映预算执行的进度。

A.预算完成率　　　　　　　　　　B.业务量完成率

C.费用支出率　　　　　　　　　　D.员工离职率

9.在预算管理中，进行差异分析的目的是（　　）。

A.追究责任　　　　B.调整预算　　　　C.评价业绩　　　　D.发现问题

10.滚动预算的优点不包括（　　）。

A.保持预算的连续性　　　　　　　B.适应市场变化

C.减少预算编制的工作量　　　　　D.提高预算的准确性

11.在预算管理中，（　　）部门通常负责生产预算的编制。

A.销售　　　　　　B.生产　　　　　　C.财务　　　　　　D.采购

12.预算管理的基本原则不包括（　　）。

A.全面性原则　　　　　　　　　　B.灵活性原则

C.保密性原则　　　　　　　　　　D.可行性原则

13.（　　）可能导致预算松弛。

A.市场竞争激烈　　　　　　　　　B.管理层要求过高

C.员工缺乏积极性　　　　　　　　D.预算编制方法不合理

14.在预算管理中，风险应对措施主要包括（　　）。

A.风险规避　　　　B.风险降低　　　　C.风险转移　　　　D.以上都是

15.全面预算管理体系不包括（　　）。

A.预算编制体系　　　　　　　　　B.预算执行体系

C.预算监督体系　　　　　　　　　D.预算决策体系

16.在预算管理中，（　　）对预算准确性的影响最小。

A.宏观经济环境　　　　　　　　　B.企业内部管理水平

C.员工个人能力　　　　　　　　　D.行业发展趋势

17.预算调整的条件不包括（　　）。

A.市场环境发生重大变化　　　　　B.企业战略调整

C.预算执行进度良好　　　　　　　D.内部管理需要

18.以下（　　）预算主要反映企业在预算期内的现金收支情况。

A.销售　　　　　　B.生产　　　　　　C.现金　　　　　　D.利润

19.在预算管理中，（　　）指标可以反映企业的运营效率。

A.资产负债率　　　　　　　　　　B.流动比率

C.存货周转率　　　　　　　　　　D.毛利率

20.零基预算的适用范围主要是（　　）。

A.业务量稳定的企业　　　　　　　B.业务量波动较大的企业

C.管理基础薄弱的企业　　　　　　D.所有企业

21.在预算管理中，（　　）部门通常负责预算考核的组织与实施。

A.人力资源　　　　B.财务　　　　　　C.审计　　　　　　D.业务

22.预算管理的核心内容是（　　）。

A.预算编制　　　　　　　　　　　B.预算执行

C.预算调整　　　　　　　　　　　D.预算考核

23.在以下方法中，（　　　）适用于业务量难以预测的情况。

A.固定预算法　　　　　　　　　　B.弹性预算法

C.零基预算法　　　　　　　　　　D.滚动预算法

24.在预算管理中，预算目标的分解通常采用（　　　）。

A.自上而下的方式　　　　　　　　B.自下而上的方式

C.上下结合的方式　　　　　　　　D.平行分解的方式

25.以下（　　　）指标不能用于预算执行的监控。

A.销售额增长率　　　　　　　　　B.员工满意度

C.成本降低率　　　　　　　　　　D.费用控制率

26.在预算管理中，进行预算调整时应遵循的原则是（　　　）。

A.灵活性原则　　　　　　　　　　B.及时性原则

C.必要性原则　　　　　　　　　　D.随意性原则

27.以下（　　　）预算主要反映企业在预算期内的利润情况。

A.销售　　　　　B.生产　　　　　C.利润　　　　　D.现金

28.在预算管理中，（　　　）部门通常负责预算的分析与报告。

A.财务　　　　　B.业务　　　　　C.审计　　　　　D.人力资源

29.预算管理的基础工作不包括（　　　）。

A.建立健全的预算管理制度

B.明确预算管理的职责分工

C.提高员工的福利待遇

D.加强预算管理的信息化建设

30.在以下预算方法中，强调对所有预算项目进行重新评估的是（　　　）。

A.零基预算法　　　　　　　　　　B.增量预算法

C.弹性预算法　　　　　　　　　　D.滚动预算法

二、多项选择题

1.全面预算管理包括（　　　）。

A.经营预算　　　　B.专门决策预算　　　　C.财务预算　　　　D.资本预算

2.预算编制的方法有（　　　）。

A.固定预算法　　　　B.弹性预算法　　　　C.零基预算法　　　　D.滚动预算法

3.在预算执行过程中，企业需要监控的内容包括（　　　）。

A.收入进度　　　　B.成本支出　　　　C.费用控制　　　　D.预算调整情况

4.预算调整的原因可能有（　　　）。

A.市场环境变化　　　　　　　　　B.企业战略调整

C.预算编制不准确　　　　　　　　D.内部管理需要

5.预算管理的作用有（　　　）。

A.明确目标 B.协调资源

C.控制风险 D.考核绩效

6.弹性预算的特点包括（　　　）。

A.适应不同业务量水平 B.提高预算准确性

C.便于考核业绩 D.编制复杂

7.零基预算的编制步骤包括（　　　）。

A.确定预算单位 B.提出费用项目

C.进行成本效益分析 D.分配资金

8.预算管理委员会的职责有（　　　）。

A.制定预算政策 B.审查预算方案

C.协调预算执行 D.考核预算业绩

9.预算考核的指标可以包括（　　　）。

A.财务指标 B.非财务指标

C.定量指标 D.定性指标

10.预算管理中的风险主要有（　　　）。

A.市场风险 B.信用风险

C.操作风险 D.法律风险

11.在以下部门中，（　　　）在预算管理中发挥着重要作用。

A.财务部门 B.业务部门

C.审计部门 D.人力资源部门

12.滚动预算的优点有（　　　）。

A.保持预算的连续性 B.使预算与实际情况更接近

C.便于动态管理 D.降低预算编制工作量

13.预算管理信息化的好处有（　　　）。

A.提高数据处理效率 B.增强信息透明度

C.便于实时监控 D.支持决策分析

14.预算编制的原则有（　　　）。

A.全面性原则 B.真实性原则

C.可行性原则 D.灵活性原则

15.在预算执行过程中，加强成本控制的方法有（　　　）。

A.优化业务流程 B.降低采购成本

C.提高生产效率 D.严格费用审批

16.预算调整的程序包括（　　　）。

A.提出调整申请 B.审核调整方案

C.批准调整方案 D.执行调整后的预算

17.预算管理对企业战略的支持体现在（　　　）。

A.明确战略目标 B.配置资源

C.监控战略执行 D.评估战略绩效

18.影响预算准确性的因素有（　　　　）。

A.市场预测
B.内部管理水平
C.预算编制方法
D.员工素质

19.预算管理中的沟通与协调包括（　　　　）。

A.上下级之间的沟通
B.部门之间的协调
C.与外部利益相关者的沟通
D.预算编制过程中的沟通

20.预算管理的关键环节有（　　　　）。

A.预算编制
B.预算执行
C.预算调整
D.预算考核

三、判断题

1.预算管理只需要关注财务预算即可。　　　　　　　　　　　　　　（　　　）
2.零基预算编制过程完全不需要考虑历史数据。　　　　　　　　　　（　　　）
3.预算调整可以随时进行，无须任何限制。　　　　　　　　　　　　（　　　）
4.弹性预算只适用于成本预算，不适用于收入预算。　　　　　　　　（　　　）
5.预算管理的目的仅仅是控制成本。　　　　　　　　　　　　　　　（　　　）
6.预算考核只针对财务指标进行考核。　　　　　　　　　　　　　　（　　　）
7.预算编制完成后就不能再进行修改。　　　　　　　　　　　　　　（　　　）
8.所有企业都适合采用零基预算法编制预算。　　　　　　　　　　　（　　　）
9.预算管理对企业的战略规划没有影响。　　　　　　　　　　　　　（　　　）
10.企业不需要对预算执行过程进行监控。　　　　　　　　　　　　　（　　　）

企业实操案例分析

某家具制造企业参考预算编制思路，对旗下"智能办公桌椅"产品线进行2×25年度预算编制，已知以下信息：

一、历史数据（2×24年度）

表2-17　　　　　　　　　　　　2×24年第四季度销售收入明细表

	办公桌	办公椅
销售量	2 000 套	3 000 把
销售单价	1 356 元/套	500 元/把
销售额（价税合计金额）	2 712 000 元	1 695 000 元
年末应收账款余额	1 084 800 元	678 000 元

二、2×25年预算编制

相关预算政策：

（1）公司是一般纳税人，增值税税率13%，预算年度销售全部开具增值税专用发票。

（2）收款政策：当前季度可收回当前季度销售额的60%，剩余40%的销售额在下季度收回，预算年度应收账款不计提坏账准备。

（3）促销政策：第四季度对办公椅实施"买二赠一"活动，促销期间，每售出2把办公椅赠送1把同款椅子（赠品按市价500元/把视同销售，需计算销项税额，成本为300元/把计入销售费用）。赠品数量需单独列示，不计入实际销售量。

（4）2×25年预计各季度销售量与单价分别根据图2-1和图2-2数据计算得出，各季度销售量和单价的环比增长率均基于上一季度的数值计算。

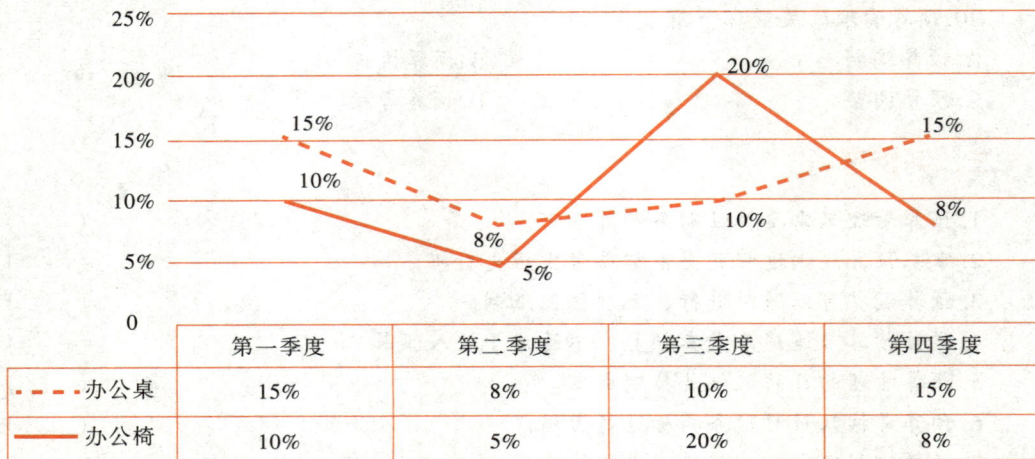

	第一季度	第二季度	第三季度	第四季度
------ 办公桌	15%	8%	10%	15%
—— 办公椅	10%	5%	20%	8%

图2-1　2×25年预计各季度销售量环比趋势

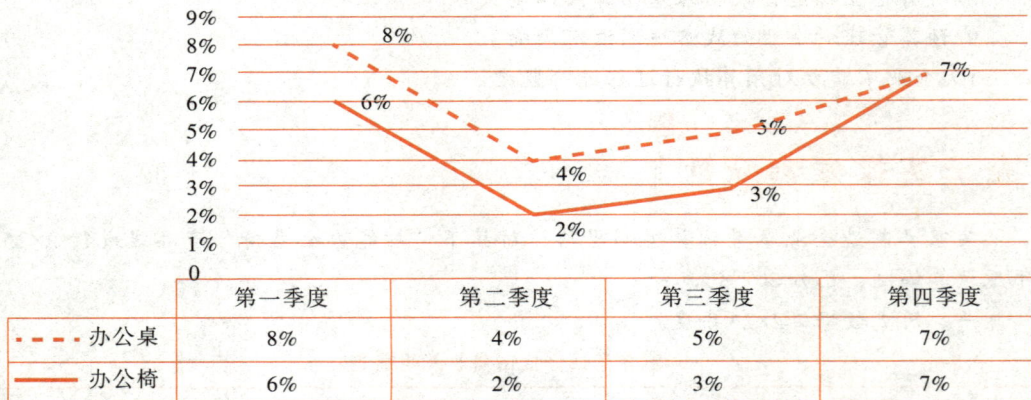

	第一季度	第二季度	第三季度	第四季度
------ 办公桌	8%	4%	5%	7%
—— 办公椅	6%	2%	3%	7%

图2-2　2×25年预计各季度单价环比趋势

任务要求

1.计算"预计销售量"和"预计销售单价"，并编制2×25年各季度销售预算表（包含：预计销售量、预计销售单价、预计不含税销售额、预计销项税额、预计含税销售额）。

2.计算2×25年各季预计现金收入和应收账款余额（2×24年第四季度的应收账款在2×25年第一季度收回）。

3.分析促销活动对第四销售预算的影响（需分别计算正常销售与赠品销售的金额、销项税额，并分析赠品成本对利润的影响）。

注：详细分析过程请扫描二维码观看企业导师实操处理。

企业实操案例

分析

项目三

成本管理

学习目标

[知识目标]

◇理解成本管理的概念及成本管理的基本原则；

◇掌握变动成本法与完全成本法的区别、计算公式和优缺点；

◇掌握标准成本的制定、成本差异的计算与分析；

◇掌握作业成本法的计算程序、优缺点。

[技能目标]

◇通过学习成本管理领域应用的方法，了解在不同内外部环境下可选择的成本管理方法；

◇能够结合企业的具体情况，选择应用完全成本法和变动成本法；

◇能够结合企业实际情况，应用标准成本法和作业成本法。

[素养目标]

◇培养学生全局统筹意识，注重成本效益原则；

◇培养学生实事求是、诚信经营的职业素养。

学习建议

本项目重点学习变动成本法、标准成本法、作业成本法三种成本计算方法。在学习过程中，建议先把握每种成本计算方法的成本计算原理，在此基础上学习各项计算公式，并将财务数据与业务分析相结合。

思维导图

成本管理基础
- 成本管理的含义
- 成本管理的原则
- 成本管理的流程

成本管理

变动成本法
- 变动成本法和完全成本法的含义
- 变动成本法和完全成本法的区别
- 变动成本法和完全成本法的优缺点

标准成本法
- 标准成本法的含义
- 标准成本的特点及分类
- 标准成本的制定
- 成本差异的计算与分析

作业成本法
- 作业成本法的含义及要素
- 作业成本法的成本计算程序
- 作业成本法的应用
- 作业成本法的优缺点

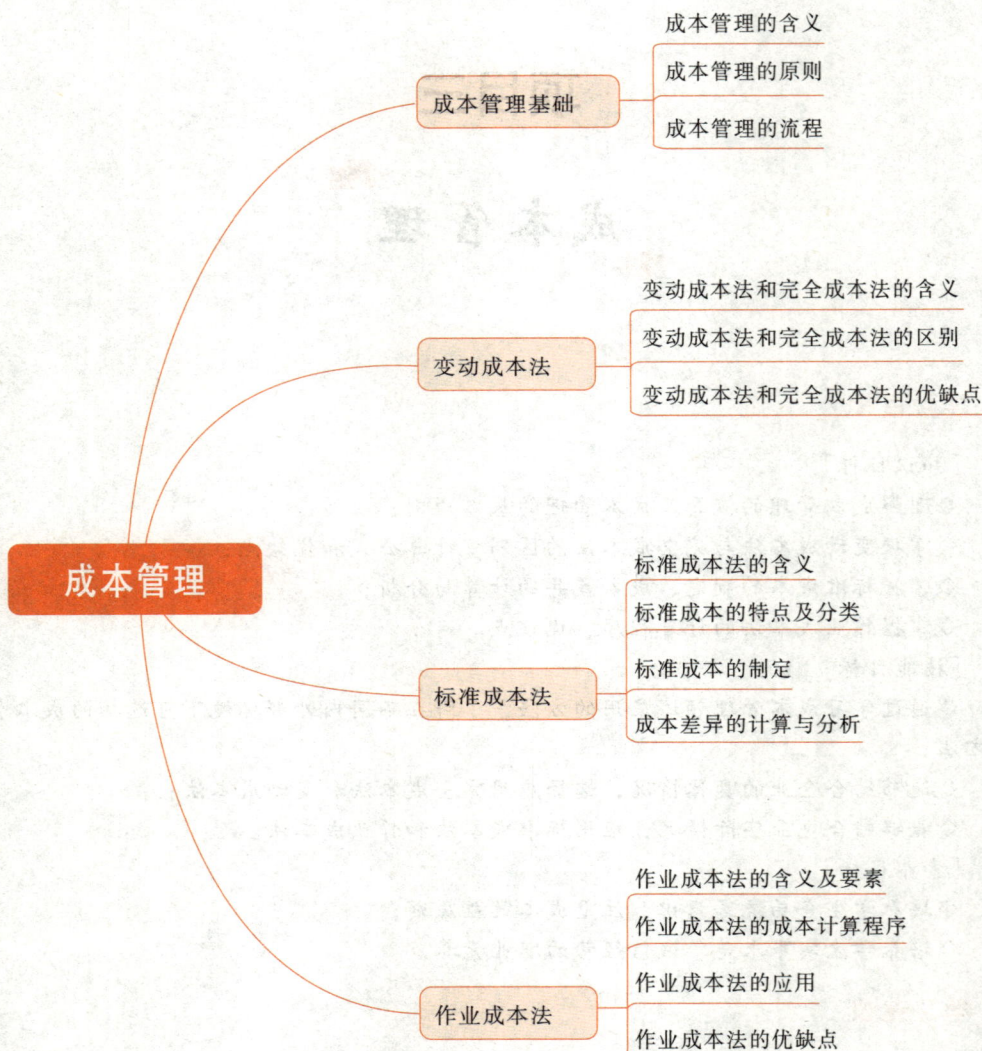

企业实际工作实操导入

　　阳光有限责任公司是一家专注于咖啡生产与研发的创新型企业，旗下拥有"晨曦""午后""暮色"等多款市场知名咖啡品牌。公司从最初仅有10人的工作室起步，现已成长为拥有近百名员工的成长型企业。这个充满活力的团队始终致力于为消费者提供高品质的咖啡产品，在竞争激烈的咖啡市场中占据了一席之地。

　　在创立初期，公司采用简单直接的管理模式，通常是在完成一款咖啡的全程开发后，才会启动下一个项目。这种运营模式下的成本核算相对简单明了——财务部门只需将某款咖啡开发期间发生的所有费用进行归集，就能准确计算出该产品的开发成本。然而，随着公司业务规模的快速扩张和市场需求的逐渐多样化，阳光有限责任公司的产品线不断丰富，同时开展的咖啡研发项目数量大幅增加。目前公司经常需要并行开发5~8个不同品类的新产品，各项目的开发周期也存在显著差异，从速溶咖啡的1个月到精品咖啡豆的6个月不等。面对这种多项目并行的复杂局面，财务部门对成本核算方法进行了第一次调整：以各咖啡项目立项时确定的人员编制为依据，将开发人员的薪酬直接计入对应项目；同时将设备折旧、水电费、办公场地租金等间接费用，按照各项目人数比例进行分摊。

但随着公司业务持续扩展和项目管理模式的演进，这种改良后的核算方法逐渐暴露出明显的局限性。在实际研发过程中，由于技术人员数量有限、各项目紧急程度不同等因素，研发人员经常需要在多个项目间灵活调配。一位资深咖啡师可能同时参与多个项目的风味调试，而设备使用也往往存在项目间的共享情况。但在期末成本核算时，财务部门仍机械地按照立项时的人员配置进行费用分配，导致各项目的成本数据严重失真。

面对这一日益突出的管理难题，阳光有限责任公司的管理层意识到，必须尽快建立一套更科学、更精准的成本核算体系。这个新体系需要能够动态跟踪研发资源的实际使用情况，准确反映跨项目共享资源的真实消耗。如何设计并实施这样一套先进的成本管理系统，成为摆在公司面前的重要课题。

带着这个问题，让我们开始本项目内容的学习。

任务一　成本管理基础

一、成本管理的含义

成本管理是指企业在营运过程中实施成本预测、成本决策、成本计划、成本控制、成本核算、成本分析和成本考核等一系列管理活动的总称。根据《管理会计应用指引第300号——成本管理》，成本管理领域应用的管理会计工具方法一般包括目标成本法、标准成本法、变动成本法、作业成本法等。企业应结合自身的成本管理目标和实际情况，在保证产品的功能和质量的前提下，选择应用适合企业的成本管理工具方法或综合应用不同成本管理工具方法，以更好地实现成本管理的目标。综合应用不同成本管理工具方法时，应以各成本管理工具方法具体目标的兼容性、资源的共享性、适用对象的差异性、方法的协调性和互补性为前提，通过综合运用成本管理的工具方法实现效益最大化。

二、成本管理的原则

企业进行成本管理，一般应遵循以下原则：

（一）融合性原则

成本管理应以企业业务模式为基础，将成本管理嵌入业务的各领域、各层次、各环节，实现成本管理责任到人、控制到位、考核严格、目标落实。

微课3-1

推开成本
管理之门

（二）适应性原则

成本管理应与企业生产经营特点和目标相适应，尤其要与企业发展战略或竞争战略相适应。

（三）成本效益原则

成本管理应用相关工具方法时，应权衡其为企业带来的收益和付出的成本，避免获得的收益小于投入的成本。

（四）重要性原则

成本管理应重点关注对成本具有重大影响的项目，对不具有重要性的项目可以适当简化处理。

三、成本管理的流程

成本管理一般可以划分为以下三个阶段：

（一）事前成本管理阶段

事前成本管理阶段主要是对未来的成本水平及其发展趋势进行预测与规划，包括成本预测、成本决策和成本计划三个步骤。

（1）成本预测是以现有条件为前提，在历史成本资料的基础上，根据未来可能发生的变化，利用科学的方法，对未来的成本水平及其发展趋势进行描述和判断的成本管理活动。

（2）成本决策是在充分利用已有资料的基础上，对运营过程中与成本相关问题的各个方案，运用定性和定量的方法，综合经济效益、质量、效率和规模等指标，进而确定运营过程中与成本相关的最优方案的成本管理活动。

（3）成本计划是以运营计划和有关成本资料为基础，根据成本决策所确定的目标，通过一定的程序，运用一定的方法，进行的针对计划期企业的生产耗费和成本水平具有约束力筹划的成本管理活动。

（二）事中成本管理阶段

事中成本管理阶段主要是对运营过程中发生的成本进行干预与控制，即成本控制。

成本控制是成本管理者根据预定的目标，对成本发生和形成过程以及影响成本的各种因素条件施加主动的影响或干预，使成本按照预期方向发展的成本管理活动。

（三）事后成本管理阶段

事后成本管理阶段主要是在成本发生之后进行的核算、分析和考核，包括成本核算、成本分析和成本考核三个步骤。

（1）成本核算是根据成本计算对象，按照法规制度和企业管理的要求，利用会计核算体系，采用适当的成本计算方法，对运营过程中实际发生的各种耗费按照规定的成本项目进行计算、归集与分配，得到不同成本计算对象的总成本和单位成本并将其传递给有关使用者的成本管理活动。

（2）成本分析是在成本核算提供的实际成本及其他有关资料的基础上，运用一定的方法，揭示成本变化情况，进一步查明影响成本变动的各种因素、产生的原因，明确相应的责任单位和责任人的责任，并提出建设性的建议，以采取有效措施控制成本的成本管理活动。

（3）成本考核是对成本计划及其有关指标实际完成情况进行定期总结和评价，并根据考核结果和责任制的落实情况，进行相应奖励和惩罚，以监督和促进企业加强成本管理责任制，提高成本管理水平的成本管理活动。

任务二　变动成本法

一、完全成本法和变动成本法的含义

（一）完全成本法

完全成本法是指计算产品成本时，不仅包括产品生产过程中所消耗的直接材料、直接人工，还包括全部的制造费用（变动性制造费用和固定性制造费用）。凡是与产品生产有关的成本都应计入产品成本。固定性制造费用是为保持一定的经营条件而发生的，也就是与形成企业正常生产能力相联系，产品在生产过程中不仅要消耗一定的直接材料、直接人工、变动性制造费用，还要消耗一定的生产能力。

完全成本法的特点：符合公认会计准则的要求，强调成本补偿上的一致性，强调生产环节对企业利润的贡献。

（二）变动成本法

变动成本法是指企业以成本性态分析为前提条件，仅将生产过程中消耗的变动生产成本作为产品成本的构成内容，而将固定生产成本和非生产成本作为期间成本，直接由当期收益予以补偿的一种成本计算方法。变动成本法认为直接材料、直接人工、变动性制造费用的发生额，与产品产量呈正比例关系变动，故应计入产品成本。固定性制造费用的发生额与产品产量没有直接联系，故不应计入产品成本。

变动成本法的特点：以成本性态分析为基础计算产品成本，强调不同的制造成本在补偿方式上存在着差异性，强调销售环节对企业利润的贡献。

【互动思考】变动成本法最初被叫作直接成本法。美国权威的《柯勒会计辞典》记载，1936年1月的《全国会计师联合会公报》刊载了美籍英国会计学家乔纳森·N.哈里斯撰写的一篇文章，这是第一篇专门论述直接成本法的论文。到20世纪50年代，随着企业环境的改变，竞争的加剧，决策意识的增强，人们逐渐认识到传统的完全成本法提供的会计信息越来越不能满足企业会计内部管理的需要。美国的一些会计师和经理又重新研究并开始在实务中试行变动成本法，并将变动成本法中的"贡献边际"这一概念用于本量利分析及其他方面。从此，变动成本法开始受到人们的普遍重视。到20世纪60年代，变动成本法得以被普遍推广应用。欢迎你进一步思考，进入在线课平台，与编者进一步互动。

微课3-2
认知变动成本法理论基础

微课3-3
认知变动成本法探究差异

微课3-4
应用变动成本法实战模拟

二、变动成本法和完全成本法的区别

（一）产品成本的构成内容不同

变动成本法首先要求进行成本性态分析，而完全成本法首先要求把全部成本按其发生的领域或经济用途分类，具体内容如图3-1和图3-2所示。

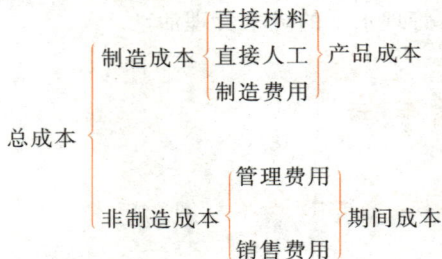

图3-1　完全成本法的产品构成

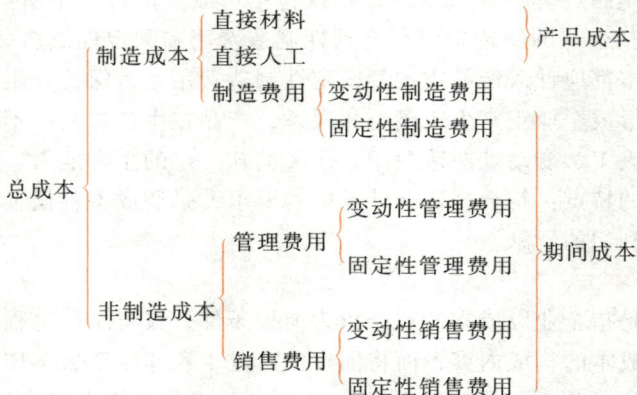

图3-2　变动成本法的产品构成

【案例3-1】假设光明企业2024年只生产经营节能型电灯一种产品，年初没有在产品和产成品存货。全年产量为1 200个，售出1 000个。每个节能型电灯的成本包括直接材料35元、直接人工25元、变动性制造费用40元，固定性制造费用全年共60 000元，管理费用40 000元，销售费用30 000元。

要求：分别按两种方法计算当期发生的产品成本和期间成本。

解析：

变动成本法：

单位产品成本=35+25+40=100（元）

本期产品成本合计=1 200×100=120 000（元）

期间成本=60 000+40 000+30 000=130 000（元）

完全成本法：

单位产品成本=$35+25+40+\dfrac{60\,000}{1\,200}=150$（元）

本期产品成本合计=150×1 200=180 000（元）

期间成本=40 000+30 000=70 000（元）

（二）存货成本的构成内容不同

变动成本法与完全成本法的单位产品成本不同，变动成本法下，存货成本只包括制造成本中的变动部分；而完全成本法下，存货成本中除了包括制造成本中的变动部分，还包括了其中的固定部分，即固定性制造费用。由此来看，变动成本法下的期末存货成本必然小于完全成本法下的期末存货成本。

变动成本法：

期末存货成本=期末存货量×本期单位产品成本

完全成本法：

期末存货成本=期初存货成本+本期生产成本−本期销售成本

【案例3-2】沿用案例3-1所提供的资料，分别按两种方法计算节能型电灯产品的期末存货成本。

解析：

变动成本法：

期末存货成本=100×200=20 000（元）

完全成本法：

期末存货成本=150×200=30 000（元）

在本例中，按完全成本法确定的期末存货成本除了包括20 000元变动性制造成本外，还包括10 000元的固定性制造费用，而按变动成本法确定的期末存货成本只包括20 000元变动性制造成本，这就造成了两者相差10 000元。

（三）各期损益有所不同

1.完全成本法的损益计算公式

销售收入−销售成本=销售毛利

销售毛利−期间成本=税前利润

图3-3为完全成本法计算盈亏的示意图。

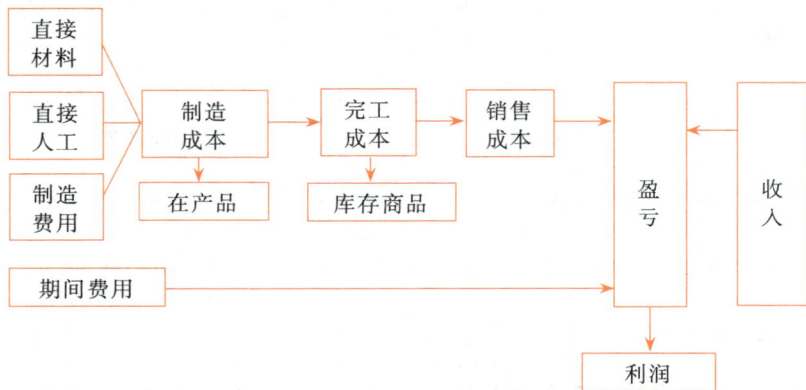

图3-3　完全成本法计算盈亏图

2.变动成本法的损益计算公式

销售收入−变动成本=边际贡献（贡献毛益）

边际贡献−固定成本=税前利润

图3-4为变动成本法计算盈亏的示意图。

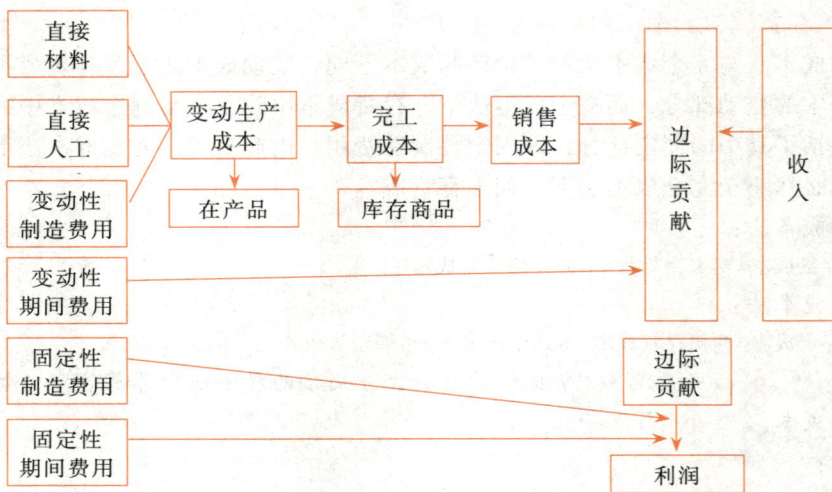

图3-4 变动成本法计算盈亏图

【案例3-3】阳光公司产销咖啡杯一种产品,销售单价为20元,存货发出采用先进先出法。本年第一季度各月份产销量及存货数量见表3-1。

表3-1 第一季度各月份产销量及存货数量 单位:件

项目	一月	二月	三月
期初存货	0	2	2
生产量	10	10	10
销售量	8	10	12
期末存货	2	2	0

成本资料见表3-2。

表3-2 成本资料

单位产品变动性生产成本	7元/件(生产)
固定性生产成本总额	30元
单位产品变动性非生产成本	2元/件(销售)
固定性非生产成本总额	40元

请你作为阳光公司的管理会计专员,分别采用两种成本计算法,确定第一季度各月份的净收益。

采用变动成本法,确定第一季度各月份的净收益见表3-3。

表3-3　　　　　　　　　　　**第一季度各月份净收益（变动成本法）**　　　　　　　单位：元

序号	项目	一月	二月	三月	合计
1	销售收入	20×8=160	20×10=200	20×12=240	600
2	减：销售成本	7×8=56	7×10=70	7×12=84	210
3	制造贡献毛益	104	130	156	390
4	减：变动性非生产成本	2×8=16	2×10=20	2×12=24	60
5	营业贡献毛益	88	110	132	330
6	减：固定性制造费用	30	30	30	90
7	固定性非生产成本	40	40	40	120
8	税前净利润	18	40	62	120

采用完全成本法，确定第一季度各月份的净收益见表3-4。

表3-4　　　　　　　　　　　**第一季度各月份净收益（完全成本法）**　　　　　　　单位：元

序号	项目	一月	二月	三月	合计
1	销售收入	20×8=160	20×10=200	20×12=240	600
2	减：销售成本	10×8=80	10×10=100	10×12=120	300
3	销售毛利	80	100	120	300
4	减：变动性非生产成本	2×8=16	2×10=20	2×12=24	60
5	固定性非生产成本	40	40	40	120
6	税前净利润	24	40	56	120

　　由于两种成本计算方法对固定性制造费用的处理方式不同，各期损益中扣除的固定性制造费用可能不相同，税前利润也随即产生了差异。具体来说，两种成本计算方法所产生的税前利润差异额等于完全成本法下期末存货包含的固定性制造费用减去完全成本法下期初存货中包含的固定性制造费用。

　　由表3-3和表3-4可以看出两种成本计算方法下净损益的差额：

　　一月份净损益的差额=24-18=2×3=6（元）

　　二月份净损益的差额=40-40=0-0=0（元）

　　三月份净损益的差额=56-62=0-2×3=-6（元）

　　两种成本计算方法对各期利润的影响：

　　两种成本计算方法的税前利润差异额=完全成本法下期末存货包含的固定性制造费用-完全成本法下期初存货中包含的固定性制造费用

　　（1）当产量=销量时（或期末存货=期初存货时），按完全成本法计算的税前利润=按变动成本法计算的税前利润。

　　（2）当产量＞销量时（或期末存货＞期初存货时），按完全成本法计算的税前利润＞按变动成本法计算的税前利润。

（3）当产量＜销量时（或期末存货＜期初存货时），按完全成本法计算的税前利润＜按变动成本法计算的税前利润。

三、变动成本法和完全成本法的优缺点

【互动思考】变动成本法和完全成本法在应用领域有哪些区别？

变动成本法和完全成本法都能为管理者提供服务，只是在不同情况下两种方法所存在的优缺点不同，具体表现在以下方面：

（1）关于利润与产销量的联系。采用变动成本法计算出的利润与销售量增减相关联，可以促使企业注重销售，根据市场需求以销定产，避免盲目增产。

（2）关于决策分析。采用变动成本法，能够提供创利额这一指标，揭示销售量、成本和利润之间的依存关系，进行量本利分析，为企业短期的生产经营预测和决策提供所需数据。

（3）关于成本控制和业绩评价。变动成本法，在成本控制方面比完全成本法有更多的优越性，还有利于各部门业绩的评价。

请你思考，两种成本计算方法在应用领域还有哪些差别呢？欢迎你进一步思考，进入在线课平台，与编者进一步互动。

任务三　标准成本法

一、标准成本法的含义

为适应企业间的激烈竞争，必须加强对企业内部的管理，特别是对成本的管理。在泰罗生产过程标准化思想的影响下，1920年由美国会计师卡特·哈里逊设计了一套完整的标准成本系统。几十年来，西方国家普遍采用标准成本制进行成本管理，并收到了预期的效果。

标准成本法是指企业以预先制定的标准成本为基础，通过比较标准成本与实际成本，计算和分析成本差异、揭示成本差异动因，进而实施成本控制、评价经营业绩的一种成本管理方法。它一般适用于产品及其生产条件相对稳定，或生产流程与工艺标准化程度较高的企业。

标准成本是指在正常的生产技术水平和有效的经营管理条件下，企业经过努力应达到的产品成本水平。

成本差异是指实际成本与相应标准成本之间的差额。当实际成本高于标准成本时，形成超支差异；当实际成本低于标准成本时，形成节约差异。

标准成本法能及时提示实际成本偏离预定标准的差异，反馈各成本项目不同性质的差异，同时还可作为计量业绩的尺度，有利于考核各项成本的形成与管理部门的业绩。标准成本的制定及其差异和动因的信息可以使企业预算的编制更为科学和可行，有助于企业的经营决策。

二、标准成本的特点及分类

1.标准成本的特点

（1）科学性。它是通过实际调查、分析和技术测定，用科学的方法制定的。

（2）正常性。标准成本是企业在正常的生产经营条件下按"平均消耗量"计算出来的。

（3）稳定性。只要制定的依据不变，一般不做修改和调整。

（4）尺度性和目标性。标准成本是控制和评价实际成本的尺度，也是企业职工努力实现的目标。

另外，标准成本与预算成本虽然都是预先确定的成本，但两者存在原则性区别。标准成本是单位产品成本，而预算成本是指总的产品成本。

应用标准成本法所需要的主要外部条件是市场经营环境及市场对产品的需求均相对稳定。应用标准成本法所需要的主要内部条件包括：产品的生产工艺过程相对稳定；企业的标准化管理水平较高；能够取得标准成本制定所需要的各种财务和非财务数据资料，并且数据比较准确、可靠。

2.标准成本的种类

标准成本制包括标准成本的制定（计算）、差异分析及差异处理三个有机组成部分。它是一个完整的系统，不能把标准成本制看成单纯的成本计算方法。

在管理上用来衡量生产对象的数量、质量、价值等预先规定的指标或尺度，一般称之为标准。任何一种标准都是在一定条件下制定的。不同条件下制定的标准不同，标准成本也不例外。标准成本有以下三种：

（1）理论标准成本。它也称理想标准，是在现有的生产技术水平最高效率基础上确定的成本水平。这是排除了一切影响因素而制定的高标准，实际上难以达到，因此，会使员工的积极性受到影响，会让管理层感到在任何时候都没有改进的余地。

（2）正常标准成本。它是在正常的生产能力和有效经营条件下，应该达到的成本水平。这种标准包括了不可避免的损失、空闲时间等必然发生的事项，是经过努力可以达到的标准。标准成本制一般以此标准为基础，是一种可以在较长时间采用的标准成本。

（3）预期的实际标准成本。它也可称为现实标准，是根据预期的变化情况而制定的符合未来实际的一种成本水平。它接近实际，切实可行，通常被认为是能激励员工努力达到的标准。与正常标准成本不同的是，预期的实际标准需要根据现实情况的变化不断进行修改，而正常标准成本则可以保持一段较长时间固定不变。

三、标准成本的制定

标准成本法的应用流程一般包括五个步骤：确定应用对象、制定标准成本、实施过程控制、成本差异计算与动因分析以及标准成本的修订与改进。

产品标准成本通常由直接材料标准成本、直接人工标准成本和制造费用标准成本构成。每一成本项目的标准成本应分为用量标准（包括单位产品消耗量、单位产品人工小时等）和价格标准（包括原材料单价、小时工资率、小时制造费用分配率等）。

1.直接材料标准成本的制定

直接材料标准成本是指直接用于产品生产的材料成本标准，包括标准用量和标准单价两个方面。

在制定直接材料的标准单价时，一般由采购部门负责，会同财务、生产、信息等部门，在考虑市场环境及其变化趋势、订货价格以及最佳采购批量等因素的基础上综合确定的标准单价。标准用量的选择需考虑用量与成本的相关性，它的制定方法与直接材料的标准用量以及直接人工的标准工时类似。

直接材料标准成本的计算公式如下：

直接材料标准成本=单位产品的标准用量×材料的标准单价

材料按计划成本核算的企业，材料的标准单价可以采用材料的计划单价。

2.直接人工标准成本的制定

直接人工标准成本是指直接用于产品生产的人工成本标准，包括标准工时和标准工资率。

在制定直接人工的标准工时，一般由生产部门负责，会同技术、财务、信息等部门，在对产品生产所需作业、工序、流程工时进行技术测定的基础上，考虑正常的工作间隙，并适当考虑生产条件的变化，生产工序、操作技术的改善，以及相关工作人员主观能动性的充分发挥等因素，合理确定单位产品的工时标准。直接人工的标准工资率，一般由人事部门根据企业薪酬制度以及国家有关职工薪酬制度改革的相关规定等制定。

直接人工标准成本的计算公式如下：

直接人工标准成本=单位产品的标准工时×小时标准工资率

3.变动性制造费用标准成本的制定

变动性制造费用的标准价格可以是燃料、动力、辅助材料等的标准价格，也可以是小时标准工资率等。其制定方法与直接材料的标准单价以及直接人工的标准工资率类似。

变动性制造费用标准成本的计算公式如下：

变动性制造费用标准成本=变动性制造费用的标准用量×变动性制造费用的标准价格

4.固定性制造费用标准成本的制定

固定性制造费用是指在一定产量范围内，其费用总额不会随产量变化而变化，始终保持固定不变的制造费用。固定性制造费用一般按照费用的构成项目实行总量控制；也可以根据需要，通过计算标准分配率，将固定性制造费用分配至单位产品，形成固定性制造费用的标准成本。标准总工时是指由预算产量和单位工时标准确定的总工时，可以依据相关性原则在直接人工工时或者机器工时之间做出选择。

固定性制造费用标准成本的计算顺序及公式如下：

固定性制造费用标准分配率=固定性制造费用预算总数÷直接人工标准总工时

固定性制造费用标准成本=单位产品工时用量标准×固定性制造费用标准分配率

5.单位产品标准成本的制定

产品的标准成本由直接材料、直接人工、制造费用三大项目的标准成本汇总而成。通常，企业会为每种产品编制一张标准成本单，其中包含具体每个成本项目的价格标准和用量标准。

在变动成本法下，固定性制造费用不计入产品成本，所以它与单位产品标准成本的制定无关，即无须制定固定性制造费用标准成本。单位产品标准成本的计算公式为：

单位产品标准成本=直接材料标准成本+直接人工标准成本+变动性制造费用标准成本

在完全成本法下，产品成本包括固定性制造费用，所以需要制定固定性制造费用标准成本。单位产品标准成本的计算公式为：

$$\text{单位产品标准成本} = \text{直接材料标准成本} + \text{直接人工标准成本} + \text{变动性制造费用标准成本} + \text{固定性制造费用标准成本}$$

【案例3-4】根据阳光公司2024年小巧型咖啡杯各成本项目的标准成本，编制的该公司2024年小巧型咖啡杯的标准成本单，见表3-5。

表3-5 　　　　　　　　　　2024年小巧型咖啡杯标准成本单

成本项目	用量标准	价格标准	单位标准成本
直接材料	16千克	8元/千克	128元
直接人工	2小时	0.5元/小时	1元
变动性制造费用	0.8小时	2元/小时	1.6元
固定性制造费用	0.8小时	22元/小时	17.6元
单位产品标准成本	148.2元		

四、成本差异的计算和分析

（一）标准成本差异的含义

成本差异的计算与分析一般按成本或费用项目进行。企业应定期将实际成本与标准成本进行比较和分析，以确定差异数额及性质，揭示差异形成的动因，落实责任主体，寻求可行的改进途径和措施。

如果该差额为正，是逆差，为不利差异，说明企业实际成本大于标准成本；

如果该差额为负，是顺差，为有利差异，说明企业实际成本小于标准成本。

（二）变动成本差异的计算和分析

1.直接材料成本差异

直接材料成本差异是指直接材料实际成本与标准成本之间的差额，该项差异可分解为直接材料价格差异和直接材料数量差异。

直接材料价格差异是指在采购过程中，直接材料实际价格脱离标准价格形成的差异；直接材料数量差异是指在产品生产过程中，直接材料实际消耗量脱离标准消耗量形成的差异。有关计算公式如下：

直接材料成本差异=实际成本-标准成本

=实际耗用量×实际单价-标准耗用量×标准单价

直接材料成本差异=直接材料价格差异+直接材料数量差异

其中：

直接材料价格差异=实际耗用量×（实际单价-标准单价）

直接材料数量差异=（实际耗用量-标准耗用量）×标准单价

【案例3-5】阳光公司实际生产小巧型咖啡杯7 000件、实际耗用甲材料36 800千克，甲材料的实际单价为1.90元/千克，甲材料的标准单耗为5千克/件，甲材料的标准单价为2元/千克。

直接材料成本差异计算如下：

直接材料实际成本=36 800×1.90=69 920（元）

直接材料标准成本=7 000×5×2=70 000（元）

直接材料成本差异=69 920-70 000=-80（元）（有利差异）

其中：

直接材料数量差异=（36 800-7 000×5）×2=+3 600（元）（不利差异）

直接材料价格差异=36 800×（1.90-2）=-3 680（元）（有利差异）

2.直接人工成本差异

直接人工成本差异是指直接人工实际成本与标准成本之间的差额，该差异可分解为工资率差异和效率差异。

工资率差异是指实际工资率脱离标准工资率形成的差异，计算时按实际工时计算确定。

效率差异是指实际工时脱离标准工时形成的差异，计算时按标准工资率计算确定。有关计算公式如下：

直接人工成本差异=实际成本-标准成本

=实际工时×实际工资率-标准工时×标准工资率

直接人工成本差异=直接人工工资率差异+直接人工效率差异

其中：

直接人工工资率差异=实际工时×（实际工资率-标准工资率）

直接人工效率差异=（实际工时-标准工时）×标准工资率

【案例3-6】阳光公司实际生产小巧型咖啡杯7 000件，实际人工工时3 750小时，实际工资率为16.40元/小时，单位产品标准工时为0.50小时/件，标准工资率为16元/小时。

直接人工成本差异计算如下：

直接人工实际成本=3 750×16.40=61 500（元）

直接人工标准成本=7 000×0.50×16=56 000（元）

直接人工成本差异=61 500-56 000=+5 500（元）（不利差异）

其中：

直接人工效率差异=（3 750-7 000×0.50）×16=+4 000（元）（不利差异）

直接人工工资率差异=3 750×（16.40-16）=+1 500（元）（不利差异）

3.变动性制造费用成本差异

变动性制造费用差异是指变动性制造费用的实际发生额与变动性制造费用的标准成本之间的差额，该差异可分解为变动性制造费用的效率差异和耗费差异。

变动性制造费用价格差异是指燃料、动力、辅助材料等变动性制造费用的实际价格脱离标准价格的差异。

变动性制造费用数量差异是指燃料、动力、辅助材料等变动性制造费用的实际消耗量脱离标准用量的差异。

变动性制造费用成本差异的计算和分析原理与直接材料和直接人工成本差异的计算和分析相同。

【案例3-7】阳光公司生产小巧型咖啡杯7 000件，实际人工工时为3 750小时，实际变动性制造费用为4 700元，单位产品标准工时为0.50小时/件，标准变动性制造费用分配率为1.20元/小时。

变动性制造费用成本差异计算如下：

变动性制造费用实际成本=4 700元

实际变动性制造费用分配率=4 700÷3 750=1.2533（元/小时）

变动性制造费用标准成本=7 000×0.50×1.20=4 200（元）

变动性制造费用成本差异=4 700-4 200=+500（元）（不利差异）

其中：

变动性制造费用效率差异=（3 750-7 000×0.50）×1.20=+300（元）（不利差异）

变动性制造费用耗费差异=3 750×（1.2533-1.20）=+200（元）（不利差异）

（三）固定性制造费用成本差异的计算和分析

固定性制造费用和变动性制造费用最大的区别在于固定性制造费用属于固定成本，在一定业务量范围内总额不随业务量的变动而变动，所以固定性制造费用预算数是固定预算数，与实际工时无关。因此，固定性制造费用成本差异不能简单分为耗费差异（价格差异）和效率差异（数量差异）两种类型，还应包括由于实际工时偏离预算工时而产生的成本差异，即闲置能量差异，可用二因素分析法或三因素分析法对固定性制造费用的标准成本差异进行分析。

固定性制造费用成本差异是实际固定性制造费用与实际产量标准固定性制造费用之间的差额。其计算公式如下：

$$\text{固定性制造费用成本差异} = \text{固定性制造费用实际分配率} \times \text{实际产量的实际工时} - \text{固定性制造费用标准分配率} \times \text{实际产量的标准工时}$$

1.二因素分析法

二因素分析法，是指将固定性制造费用成本差异分为耗费（预算）差异和能量差异。

固定性制造费用耗费（预算）差异是固定性制造费用实际数与固定性制造费用预算数之间的差额。固定性制造费用由许多明细项目组成，如工资、折旧、税金和保险费等。其中很多项目在短期内是不会改变的。由于固定性制造费用主要由长期决策决定，受生产水平变动的影响较小，因而固定性制造费用耗费差异通常很小。其计算公式为：

固定性制造费用耗费差异=固定性制造费用实际成本-固定性制造费用预算成本

固定性制造费用能量差异=固定性制造费用预算成本-固定性制造费用标准成本

=固定性制造费用标准分配率×（生产能量标准工时-实际产量标准工时）

上式中，生产能量是指年初预计产量的标准工时。

固定性制造费用标准分配率=预计固定性制造费用÷预计产量的标准工时

2.三因素分析法

三因素分析法是指将固定性制造费用成本差异分为耗费（开支）差异、效率差异和闲置能量差异三部分。

耗费（开支）差异的计算与二因素分析法相同，所不同的是将因素分析法中的能量差异进一步分解为效率差异和能力利用差异两部分。其计算公式为：

固定性制造费用耗费差异=固定性制造费用实际成本-固定性制造费用预算成本

固定性制造费用效率差异=固定性制造费用标准分配率×（实际工时-实际产量标准工时）

固定性制造费用能力利用差异=固定性制造费用标准分配率×（生产能量标准工时-实际工时）

【案例3-8】 阳光公司2024年3月份固定性制造费用预算总额为50 000元。生产迷你型茶杯的每件标准工时为4小时，月生产能力为2 500件，预计应完成机器工时10 000小时。本月实际生产产品2 400件，实际耗用9 640机器工时，实际发生的固定性制造费用为49 500元。有关差异及总差异计算如下：

1.二因素分析法

（1）耗费（预算）差异=49 500-50 000=-500（元）（有利差异）

（2）能量差异=50 000÷10 000×（10 000-2 400×4）=+2 000（元）（不利差异）

（3）总差异=-500+2 000=+1 500（元）（不利差异）

2.三因素分析法

（1）耗费（开支）差异=49 500-50 000=-500（元）（有利差异）

（2）效率差异=50 000÷10 000×（9 640-2 400×4）=+200（元）（不利差异）

（3）能力利用差异=50 000÷10 000×（10 000-9 640）=+1 800（元）（不利差异）

（4）总差异=-500+200+1 800=+1 500（元）（不利差异）

从以上计算公式及结果可以看出，效率差异与能力利用差异其实就是能量差异的进一步分解，前两项差异之和2 000元（200+1 800）正好与后者2 000元相等。

由于固定性制造费用是由许多明细项目组成的，而上面所计算的差异反映的是总差异，不便于对每个明细项目进行控制和考核。因此必须将固定性制造费用项目的静态预算与实际发生数进行对比，进一步分析差异产生的原因，分别视具体情况采取相应的措施。

企业应根据固定性制造费用项目的性质，分析差异的形成原因，并将之追溯至相关的责任主体。在成本差异分析的过程中，企业应关注各项成本差异的规模、趋势及其可控性。对反复发生的大额差异，企业应进行重点分析与处理。

微课3-5

认知作业
成本法

任务四　作业成本法

一、作业成本法的含义及要素

（一）作业成本法的含义及适用条件

作业成本法是指企业将资源费用准确分配到产品、服务等成本对象的一种成本计算方法。作业成本法以"作业消耗资源、产出消耗作业"为原则，按照资源动因将资源费用追溯或分配至各项作业，计算出作业成本，然后再根据作业动因，将作业成本追溯或分配至各成本对象，最终完成成本计算的过程（如图3-5所示）。

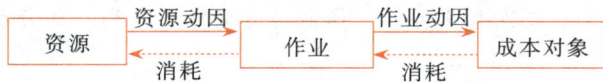

```
资源  ──资源动因──→  作业  ──作业动因──→  成本对象
     ←──消耗──         ←──消耗──
```

图3-5　作业成本核算过程

卡普兰认为，作业成本法的本质是以作业作为分配间接费用的基础，通过对作业成本的计算和有效控制，就可以较好地克服传统成本法中间接费用责任不清的缺点，并且使以往一些不可控的间接费用在作业成本系统中变为可控。所以，作业成本法不仅仅是一种成本计算方法，更是一种成本控制和企业管理的手段。

它主要适用于作业类型较多且作业链较长，产品、顾客和生产过程多样化程度较高，以及间接或辅助资源费用所占比重较大的企业。

（二）作业成本法的相关要素

1.资源费用

资源费用是指企业在一定期间内开展经济活动所发生的各项资源耗费。资源费用既包括房屋及建筑物、设备、材料、商品等各种有形资源的耗费，也包括信息、知识产权、土地使用权等各种无形资源的耗费，还包括人力资源耗费以及其他各种税费支出等。在作业成本法下，资源实质上是指为了产出作业或产品而进行的费用支出，同时，资源也是各项费用总体。资源就是作业成本法下的分配对象，在作业成本法下，资源被分配给作业，作业再被分配给产品。资源耗费区分为有用消耗和无用消耗，我们只把有用消耗的资源价值分解到作业中去。

企业可以按照资源与不同层次作业的关系，将资源分为如下五类：

（1）产量级资源，包括为单个产品（或服务）所取得的原材料、零部件、人工、能源等。

（2）批别级资源，包括用于生产准备、机器调试的人工等。

（3）品种级资源，包括为生产某一种产品（或服务）所需要的专用化设备、软件或人力等。

（4）顾客级资源，包括为服务特定客户所需要的专门化设备、软件和人力等。

（5）设施水平资源，包括土地使用权、房屋及建筑物，以及所保持的不受产量、批别、产品、服务和客户变化影响的人力资源等。

对产量级资源费用，应直接追溯至各作业中心的产品等成本对象。对其他级别的资源费用，应选择合理的资源动因，按照各作业中心的资源动因量比例，分配至各作业中心。

企业为执行每一种作业所消耗的资源费用的总和，构成该种作业的总成本。

2.作业

作业是指企业基于特定目的重复执行的任务或活动，是连接资源和成本对象的桥梁。一项作业既可以是一项非常具体的任务或活动，也可以泛指一类任务或活动。

（1）按消耗对象不同，作业可分为主要作业和次要作业。

① 主要作业是指被产品、服务或顾客等最终成本对象消耗的作业。

② 次要作业是指被原材料、主要作业等介于中间地位的成本对象消耗的作业。

（2）按受益对象、层次和重要性，作业可分为以下五类，并分别设计相应的作业中心。

① 产量级作业，是指明确地为个别产品（或服务）实施的、使单个产品（或服务）受益的作业。该类作业的数量与产品（或服务）的数量成正比例变动，包括产品加工、检验等。

② 批别级作业，是指为一组（或一批）产品（或服务）实施的、使该组（或该批）产品（或服务）受益的作业。该类作业的发生是由生产的批量数而不是单个产品（或服务）引起的，其数量与产品（或服务）的批量数成正比变动，包括设备调试、生产准备等。

③ 品种级作业，是指为生产和销售某种产品（或服务）实施的、使该种产品（或服务）的每个单位都受益的作业。该类作业用于产品（或服务）的生产或销售，但独立于实际产量或批量，其数量与品种的多少成正比例变动，包括新产品设计、现有产品质量与功能改进、生产流程监控、工艺变换需要的流程设计、产品广告等。

④ 顾客级作业，是指为服务特定客户所实施的作业。该类作业保证企业将产品（或服务）销售给个别客户，但作业本身与产品（或服务）数量无关。该类作业包括向个别客户提供的技术支持活动、咨询活动、独特包装等。

⑤ 设施级作业，是指为提供生产产品（或服务）的基本能力而实施的作业。该类作业是开展业务的基本条件，使所有产品（或服务）都受益，但与产量或销量无关，包括管理作业、针对企业整体的广告活动等。

3.成本对象

成本对象是指企业追溯或分配资源费用、计算成本的对象。成本对象可以是工艺、流程、零部件、产品、服务、分销渠道、客户、作业、作业链等需要计量和分配成本的项目。

4.成本动因

成本动因是指诱导成本发生的原因，是成本对象与其直接关联的作业和最终关联的资源之间的中介。按其在资源流动中所处的位置和作用，可将成本动因分为资源动因和作业动因。

资源动因是指引起作业成本变动的因素。资源动因被用来计量各项作业对资源的耗用，运用资源动因可以将资源成本分配给各有关作业。资源动因作为一种分配基础，它反映了作业中心对资源的耗费情况，是将资源成本分配到作业中心的标准。通过分析资源动因，可以促使企业合理配置资源，寻求降低作业成本的途径（如图3-6所示）。

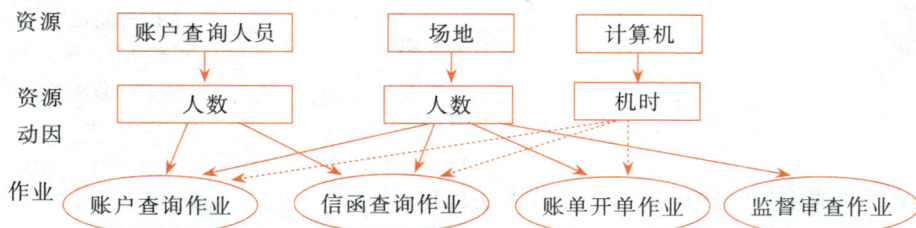

图3-6　部分按资源动因分配资源成本的作业

二、作业成本法的成本计算程序

1.建立作业中心

通过分析产品生产所发生的各项作业，区分主要作业和次要作业。将同类的作业确认为作业中心。对每一作业中心都按资源类型设立资源库，把该中心所耗资源价值归集到各资源库中。这样，可以从资源耗费的最初形态上把握各种资源归集到各作业中心的状况。

作业认定的内容主要包括对企业每项消耗资源的作业进行识别、定义和划分，确定每项作业在生产经营活动中的作用、同其他作业的区别以及每项作业与耗用资源之间的关系。作业认定的具体方法一般包括调查表法和座谈法。调查表法，是指通过向企业全体员工发放调查表，并通过分析调查表来识别和确定作业的方法。座谈法，是指通过与企业员工的面对面交谈，来识别和确定作业的方法。企业一般应将两种方法相结合，以保证正确识别和确定员工所执行的作业。

2.计算各项作业成本

确定资源动因，根据作业对资源的耗费，按作业项目记录和归集费用，将归集起来的可追溯成本分配到各作业中心，计算各项作业成本。

3.分配作业成本

确定作业动因，根据各产品所消耗作业的数量，将作业成本分配给各产品。

某成本对象的成本计算公式如下：

主要作业总成本=直接追溯至该作业的资源费用+分配至该主要作业的次要作业成本之和

主要作业单位成本=主要作业总成本÷该主要作业动因总量

其中：

次要作业成本分配率=次要作业总成本÷该作业动因总量

某主要作业分配的次要作业成本=该主要作业耗用的次要作业动因量×该次要作业成本分配率

4.计算各产品成本

将各产品在各成本库中的作业成本分别汇总，计算出各产品的总成本费用。

作业成本法的成本计算程序如图3-7所示。

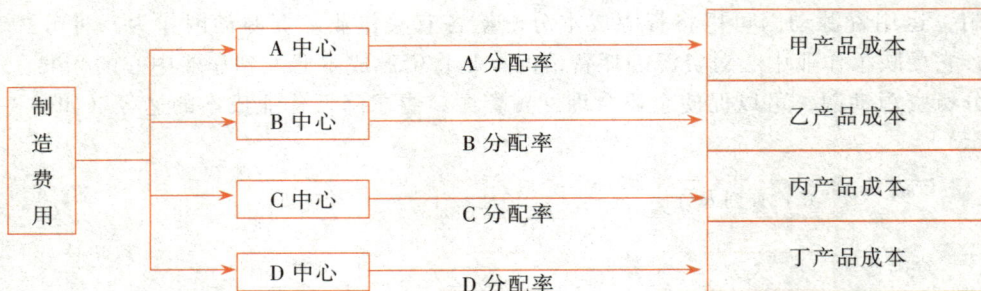

图3-7　作业成本法流程图

5.作业成本法与传统成本法计算方法的比较

作业成本法与传统成本法的区别如图3-8所示。

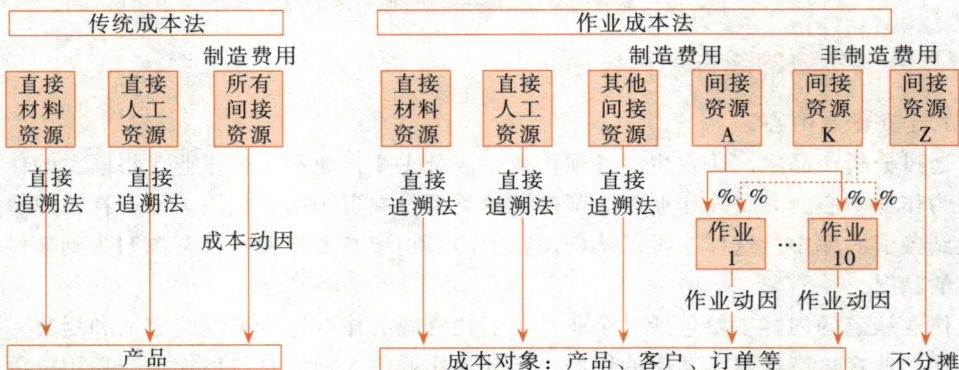

图3-8　作业成本法与传统成本法的比较

【案例3-9】长安汽车的作业成本法探索实践及成效。

重庆长安汽车股份有限公司（以下简称"长安汽车"）以产品盈利为核心，以达成公司整体盈利能力提升为目标，在运用传统管理工具的同时，根据企业内部管理需求，改革创新，积极应用如作业成本管理等管理会计工具，更精确地控制成本，一定程度上提高了产品利润。

长安汽车作业成本法的实施步骤分为七步：一是培训动员。二是采集基础信息，如生产车间的组织架构、设备能耗参数等。三是确认计量资源，如人工成本、燃料及动力费、折旧费等。四是为资源消耗选择动因，如人工成本的消耗动因是"人工作业时间"，即按照对应生产线，分作业项目统计人员有效工作时间、停线等待时间、停工时间。五是按照一定逻辑计算作业成本，如人工成本=某生产线某项作业耗用人工时间×固定人工分配率，固定人工分配率=某生产线固定人工成本总额÷该生产线人工作业时间之和。六是选择作业动因。七是产品成本计算。

三、作业成本法的应用

【案例3-10】作业成本计算。

阳光公司生产咖啡杯、茶杯两种产品，有关年产销量、批次、成本、工时等资料见表3-6。

表3-6 　　　　　　　　　　　　　　**产销量及直接成本等资料表**

项目	咖啡杯	茶杯
产销量（件）	200 000	40 000
生产次数（次）	4	10
订购次数（次）	4	10
每次订购量（件）	50 000	4 000
直接材料成本（元）	24 000 000	2 000 000
直接人工成本（元）	3 000 000	600 000
机器制造工时（小时）	400 000	160 000

该公司当年制造费用项目与金额见表3-7。

表3-7 　　　　　　　　　　　　　　**制造费用明细表** 　　　　　　　　单位：元

项目	金额
材料验收成本	300 000
产品检验成本	470 000
燃料与水电成本	402 000
开工成本	220 000
职工福利支出	190 000
设备折旧费用	300 000
厂房折旧费用	230 000
材料储存成本	140 000
经营者薪金	100 000
合计	2 352 000

1.传统成本法下的成本计算

按照传统成本法，制造费用可按机器制造工时进行分配：

制造费用分配率=2 352 000÷（400 000+160 000）=4.2（元/小时）

咖啡杯应分摊的制造费用=400 000×4.2=1 680 000（元）

茶杯应分摊的制造费用=160 000×4.2=672 000（元）

根据上述分析和计算可编制产品成本计算表，见表3-8。

管理会计基础

表3-8   产品成本计算表（传统成本法）

项目	咖啡杯	茶杯
直接材料成本（元）	24 000 000	2 000 000
直接人工成本（元）	3 000 000	600 000
制造费用（元）	1 680 000	672 000
总成本（元）	28 680 000	3 272 000
产销量（件）	200 000	40 000
单位产品成本（元）	143.4	81.8

2.作业成本法下的成本计算

作业成本计算的关键在于对制造费用的处理不是完全按机器制造工时进行分配，而是根据作业中心与成本动因，确定各类制造费用的分配标准。下面分别确定表3-7中各项制造费用的分配标准和分配率：

（1）对于材料验收成本、产品检验成本和开工成本，其成本动因是生产次数与订购次数，可以此作为这三项制造费用的分配标准。其分配率为：

材料验收成本分配率=300 000÷（4+10）=21 428.57（元）
产品检验成本分配率=470 000÷（4+10）=33 571.43（元）
开工成本分配率=220 000÷（4+10）=15 714.29（元）

（2）对于设备折旧费用、燃料与水电成本，其成本动因是机器制造工时，可以机器制造工时作为这两项费用的分配标准。其分配率为：

设备折旧费用分配率=300 000÷（400 000+160 000）=0.53571（元）
燃料与水电成本分配率=402 000÷（400 000+160 000）=0.717857（元）

（3）对于职工福利支出，其成本动因是直接人工成本，可以直接人工成本作为职工福利支出的分配标准。其分配率为：

职工福利支出分配率=190 000÷（3 000 000+600 000）=0.05278（元）

（4）对于厂房折旧费用和经营者薪金，其成本动因是产品产销量，可以此作为分配标准。其分配率为：

厂房折旧费用分配率=230 000÷（200 000+40 000）=0.9583（元）
经营者薪金分配率=100 000÷（200 000+40 000）=0.41667（元）

（5）对于材料储存成本，其成本动因是直接材料的数量或成本，可以此为标准分配材料储存成本。其分配率为：

材料储存成本分配率=140 000÷（24 000 000+2 000 000）=0.00538（元）

根据上述计算的费用分配率，将各项制造费用在咖啡杯和茶杯之间分配，其分配结果见表3-9。

表3-9　　　　　　　　　　　　制造费用分配明细表　　　　　　　　　　单位：元

项目	合计	咖啡杯	茶杯
材料验收成本	300 000	85 714	214 286
产品检验成本	470 000	134 286	335 714
燃料与水电成本	402 000	287 143	114 857
开工成本	220 000	62 857	157 143
职工福利支出	190 000	158 340	31 660
设备折旧费用	300 000	214 284	85 716
厂房折旧费用	230 000	191 660	38 340
材料储存成本	140 000	129 120	10 880
经营者薪金	100 000	83 334	16 666
合计	2 352 000	1 346 738	1 005 262

根据上述分析与计算可编制产品成本计算表，见表3-10。

表3-10　　　　　　　　　产品成本计算表（作业成本法）

项目	咖啡杯	茶杯
直接材料成本（元）	24 000 000	2 000 000
直接人工成本（元）	3 000 000	600 000
制造费用（元）	1 346 738	1 005 262
总成本（元）	28 346 738	3 605 262
产销量（件）	200 000	40 000
单位产品成本（元）	141.73	90.13

比较表3-8和表3-10可知，按照作业成本法计算，咖啡杯的单位成本由传统成本法下的143.4元下降为141.73元，茶杯的单位成本由传统成本法下的81.8元提高到90.13元。产生差异的原因主要是传统成本法对制造费用只采用单一的分配标准，而忽视了不同作业之间的成本动因不同。显然，按照作业成本计算比按照传统成本法更准确和科学。

四、作业成本法的优缺点

（一）作业成本法的主要优点

（1）能够提供更加准确的各维度成本信息，有助于企业提高产品定价、作业与流程、客户服务等决策的准确性。

（2）改善和强化成本控制，促进绩效管理的改进和完善。

（3）推进作业基础预算，提高作业、流程、作业链（或价值链）管理的能力。

（二）作业成本法的主要缺点

作业成本法是一个复杂的成本核算系统，需要对错综复杂的企业组织和经营活动进行分解，进行作业链分析，实施作业管理，工作量较大。作业的识别、划分、合并与认定，成本动因的选择以及成本动因计量方法的选择等均存在较大的主观性，需要财务人员和其他管理人员有较高的素质。多方的共同协作与操作过程较为复杂，开发和维护费用较高。

启智润心

通过对本项目的学习，企业在经营过程中可以充分动员和组织全体人员，在保证产品质量的前提下，对企业生产经营过程的各个环节进行科学合理的管理，力求以最少生产耗费取得最大的生产成果，具体由成本规划、成本计算、成本控制和业绩评价四项内容组成。

思考：青山公司是一家主营节能环保设备生产的企业，由于市场竞争日趋激烈，该公司节能环保设备的市场需求大幅缩减，如果你是青山公司的成本管理专员，你认为裁减员工是一项好的举措吗？有哪些举措可以改善目前公司的境况呢？

链接新质生产力　　　　　　　企业成本管理与新质生产力的协同发展

新质生产力推动企业转型升级，成本管理创新成为关键。新质生产力要求企业深度创新资源配置、要素优化、管理模式等，成本管理应结合新质生产力特征拓展功能边界，从理论框架、方法体系、实践创新等方面入手，以适应经济发展新趋势，实现可持续发展。

企业成本管理是企业经营管理中的重要组成部分，它直接关系到企业的盈利能力和竞争力。而新质生产力则是指利用科技创新等手段，提高生产效率、降低生产成本，从而提升企业竞争力的新理念。在当前经济环境下，如何实现企业成本管理与新质生产力的协同发展成为企业发展的关键。

新质生产力：企业转型升级的新引擎

新质生产力的形成动因体现了中国经济高质量发展的内在需求。它以创新发展为动力，以科技进步为支撑，以效率和质量提升为目标，不仅仅是生产方式的迭代升级，更是对生产方式、组织形式和管理模式的全面革新。新质生产力的兴起，推动着产业结构的重塑，使经济发展逐步向高质量方向迈进。在这样的大背景下，企业成本管理的创新变得尤为重要。成本管理不再仅仅是降低成本、提高效率的手段，而成为推动企业转型升级、提升竞争力的关键策略。新质生产力要求企业在资源配置、要素优化、管理模式等方面进行深度创新，以适应新的生产关系和生产力发展需求。

成本管理创新：企业应对新质生产力的关键

新质生产力的范式特征为成本管理提供了新的发展方向。首先，成本管理需要结合新质生产力的范式特征不断拓展功能边界。在现代化产业体系的基础上，企业应积极利用智能化成本管理的贡献性增长，扩大管理职能及范围，具体表现在以下几个方面：

（1）包容性扩展：企业应通过成本管理的包容性扩展，促进创新的深入，吸引人才的涌入，提升员工的参与度，强化成本管理活动的权变性。

（2）贡献性增长：企业集群应发挥成本管理效应，通过新质生产力的培育加快转型步伐，引导企业向产业价值链高端攀升。

（3）社会性价值：新质生产力下的成本管理应结合结构性动因与执行性动因设计和应用，从经济性价值与社会性价值融合的视角加以评判。

企业成本管理与新质生产力是相辅相成的关系。通过成本管理，企业可以更好地控制各项支出，在提高生产效率的基础上实现成本的有效控制。而新质生产力则可以帮助企业提升生产效率，降低生产成本，从而为成本管理提供更多的空间和支持。

资料来源：冯圆．高水平社会主义市场经济体制下的成本管理情境特征［J］．财会月刊，2024，45（15）：52-57.

职业技能等级测试

职业技能
等级测试

■ 一、单项选择题

1.成本管理的基本原则不包括（　　　）。

A.融合性原则　　　　　　　　　B.适应性原则

C.成本效益原则　　　　　　　　D.随机性原则

2.变动成本法将（　　　）视为期间成本。

A.直接材料　　　　　　　　　　B.直接人工

C.固定性制造费用　　　　　　　D.变动性制造费用

3.成本会计最基础的职能是（　　　）。

A.成本决策　　　　　　　　　　B.成本分析

C.成本核算　　　　　　　　　　D.成本控制

4.标准成本法的特点不包括（　　　）。

A.科学性　　　　　　　　　　　B.随机性

C.稳定性　　　　　　　　　　　D.目标性

5.作业成本法的核心理念是：（　　　）。

A.资源消耗作业，作业消耗产出　　B.产出直接消耗资源

C.资源与产出无关　　　　　　　D.以上均不正确

6.在变动成本法下，固定性制造费用被归类为（　　　）。

A.产品成本　　　　　　　　　　B.期间成本

C.直接成本　　　　　　　　　　D.间接成本

7.标准成本法中，成本差异为负数表示（　　　）。

A.不利差异   B.有利差异

C.无差异   D.无法判断

8.作业成本法适用于以下哪种企业？（　　　）

A.产品多样化程度高   B.间接费用比重小

C.生产过程简单   D.以上均不正确

9.直接材料成本差异可以分解为（　　　）。

A.价格差异和数量差异   B.效率差异和耗费差异

C.工资率差异和人工效率差异   D.以上均不正确

10.完全成本法下，期末存货成本包括（　　　）。

A.直接材料和直接人工   B.变动性制造费用

C.固定性制造费用   D.以上全部

11.变动成本法的主要优点之一是（　　　）。

A.符合公认会计准则   B.强调销售环节对企业利润的贡献

C.简化成本计算   D.以上均不正确

12.标准成本的制定步骤不包括（　　　）。

A.确定应用对象   B.制定标准成本

C.随机调整成本   D.实施过程控制

13.作业成本法中的"成本动因"包括（　　　）。

A.资源动因和作业动因   B.人工动因和费用动因

C.直接动因和间接动因   D.以上均不正确

14.固定性制造费用差异分析中，二因素分析法包括（　　　）。

A.耗费差异和能量差异   B.效率差异和能力利用差异

C.价格差异和数量差异   D.以上均不正确

15.在传统成本计算法下，制造费用通常按（　　　）分配。

A.机器制造工时   B.直接人工成本

C.产品数量   D.以上均不正确

16.作业成本法的主要缺点是（　　　）。

A.计算复杂   B.主观性强

C.开发和维护费用高   D.以上全部

17.直接人工成本差异可以分解为（　　　）。

A.工资率差异和人工效率差异   B.价格差异和数量差异

C.耗费差异和能量差异   D.以上均不正确

18.标准成本法中，固定制造费用标准分配率的计算公式是（　　　）。

A.预计固定性制造费用÷预计产量的标准工时

B.实际固定性制造费用÷实际工时

C.预算固定性制造费用÷预算工时

D.以上均不正确

19.变动成本法最初被称为（　　　）。

A.直接成本法　　　　　　　　　　B.间接成本法

C.完全成本法　　　　　　　　　　D.标准成本法

20.作业成本法中的"作业"是指（　　　）。

A.企业基于特定目的重复执行的任务或活动

B.资源的直接消耗

C.产品的生产过程

D.以上均不正确

21.完全成本法下，销售成本的计算公式是（　　　）。

A.期初存货成本+本期生产成本-期末存货成本

B.直接材料+直接人工+制造费用

C.变动成本+固定成本

D.以上均不正确

22.标准成本法中，直接材料标准成本的计算公式是（　　　）。

A.单位产品的标准用量×材料的标准单价

B.实际用量×实际单价

C.预算用量×预算单价

D.以上均不正确

23.作业成本法与传统成本法的主要区别在于（　　　）。

A.间接费用的分配方式　B.直接费用的处理

C.成本计算对象　D.以上均不正确

24.变动成本法下，边际贡献的计算公式是（　　　）。

A.销售收入-变动成本　　　　　　B.销售收入-固定成本

C.销售收入-总成本　　　　　　　D.以上均不正确

25.固定性制造费用能力利用差异的计算公式是（　　　）。

A.固定性制造费用标准分配率×（生产能量标准工时-实际工时）

B.固定性制造费用实际数-固定性制造费用预算数

C.固定性制造费用标准分配率×（实际工时-实际产量标准工时）

D.以上均不正确

26.作业成本法中的"资源费用"不包括（　　　）。

A.直接材料　　　　　　　　　　　B.人力资源耗费

C.广告费　　　　　　　　　　　　D.以上均不正确

27.标准成本法中，成本差异分析的主要目的是（　　　）。

A.揭示差异动因，落实责任主体

B.简化成本计算

C.提高产品价格

D.以上均不正确

28.完全成本法下，固定性制造费用被归类为（　　　）。

A.产品成本　　　　　　　　　　　B.期间成本

C.直接成本 　　　　　　　　　　　　D.间接成本

29.作业成本法中的"品种级作业"是指（　　　）。

A.为生产和销售某种产品实施的作业

B.为一组产品实施的作业

C.为个别产品实施的作业

D.以上均不正确

30.标准成本法的应用流程中，最后一步是（　　　）。

A.标准成本的修订与改进 　　　　　　B.成本差异计算与动因分析

C.实施过程控制 　　　　　　　　　　D.以上均不正确

二、多项选择题

1.成本管理的基本原则包括（　　　）。

A.融合性原则 　　　　　　　　　　　B.适应性原则

C.成本效益原则 　　　　　　　　　　D.重要性原则

2.变动成本法与完全成本法的主要区别体现在（　　　）。

A.产品成本的构成内容不同 　　　　　B.存货成本的构成内容不同

C.各期损益有所不同 　　　　　　　　D.计算方式完全相同

3.标准成本法的特点包括（　　　）。

A.科学性 　　　　　　　　　　　　　B.随机性

C.稳定性 　　　　　　　　　　　　　D.目标性

4.作业成本法的核心理念包括（　　　）。

A.资源消耗作业 　　　　　　　　　　B.作业消耗产出

C.产出直接消耗资源 　　　　　　　　D.资源与产出无关

5.变动成本法下，（　　　）被视为期间成本。

A.直接材料 　　　　　　　　　　　　B.直接人工

C.固定性制造费用 　　　　　　　　　D.变动性制造费用

6.标准成本法中，成本差异分析的主要目的有（　　　）。

A.揭示差异动因 　　　　　　　　　　B.落实责任主体

C.提高产品价格 　　　　　　　　　　D.简化成本计算

7.作业成本法适用于（　　　）的企业。

A.产品多样化程度高 　　　　　　　　B.间接费用比重大

C.生产过程简单 　　　　　　　　　　D.作业链较长

8.直接材料成本差异可以分解（　　　）。

A.价格差异 　　　　　　　　　　　　B.数量差异

C.效率差异 　　　　　　　　　　　　D.耗费差异

9.完全成本法下，产品成本包括（　　　）。

A.直接材料 　　　　　　　　　　　　B.直接人工

C.变动性制造费用 　　　　　　　　　D.固定性制造费用

10.作业成本法的主要优点包括（　　　）。

A.提供更准确的成本信息　　　　　　B.改善成本控制

C.推进作业基础预算　　　　　　　　D.计算简单

11.标准成本的种类包括（　　　）。

A.理论标准　　　　　　　　　　　　B.正常标准

C.预期的实际标准　　　　　　　　　D.随机标准

12.固定性制造费用差异分析可以采用的方法包括（　　　）。

A.二因素分析法　　　　　　　　　　B.三因素分析法

C.单因素分析法　　　　　　　　　　D.四因素分析法

13.作业成本法中的"成本动因"包括（　　　）。

A.资源动因　　　　　　　　　　　　B.作业动因

C.人工动因　　　　　　　　　　　　D.费用动因

14.在传统成本计算法下，制造费用通常按（　　　）分配。

A.机器制造工时　　　　　　　　　　B.直接人工成本

C.产品数量　　　　　　　　　　　　D.随机分配

15.作业成本法的主要缺点包括（　　　）。

A.计算复杂　　　　　　　　　　　　B.主观性强

C.开发和维护费用高　　　　　　　　D.适用范围有限

16.直接人工成本差异可以分解为（　　　）。

A.工资率差异　　　　　　　　　　　B.人工效率差异

C.价格差异　　　　　　　　　　　　D.数量差异

17.标准成本法中，固定性制造费用标准分配率的计算公式涉及（　　　）。

A.预计固定性制造费用　　　　　　　B.预计产量的标准工时

C.实际固定性制造费用　　　　　　　D.实际工时

18.作业成本法中的"作业"可以按受益对象分为（　　　）。

A.产量级作业　　　　　　　　　　　B.批别级作业

C.品种级作业　　　　　　　　　　　D.设施级作业

19.完全成本法下，销售成本的计算公式涉（　　　）。

A.期初存货成本　　　　　　　　　　B.本期生产成本

C.期末存货成本　　　　　　　　　　D.直接人工成本

20.标准成本法中，直接材料标准成本的计算公式涉及（　　　）。

A.单位产品的标准用量　　　　　　　B.材料的标准单价

C.实际用量　　　　　　　　　　　　D.实际单价

三、判断题

1.变动成本法将固定性制造费用计入产品成本。　　　　　　　　　　（　　　）

2.标准成本法的主要特点是科学性和稳定性。　　　　　　　　　　　（　　　）

3.作业成本法的核心理念是"资源消耗作业，作业消耗产出"。　　　（　　　）

4.完全成本法下，固定性制造费用被视为期间成本。　　　　　（　　）

5.成本差异为负数表示不利差异。　　　　　　　　　　　　　（　　）

6.作业成本法适用于间接费用比重较小的企业。　　　　　　　（　　）

7.直接材料价格差异是由实际用量与标准用量的不同引起的。　（　　）

8.固定性制造费用能力利用差异是二因素分析法中的一部分。　（　　）

9.传统成本计算法通常按机器制造工时分配制造费用。　　　　（　　）

10.作业成本法能够提供更准确的成本信息，但计算过程较为复杂。（　　）

企业实操案例分析

企业实操案例

分析

江南制造厂铸造车间2023年9月份生产铁铸件360千克、铝铸件540千克，共同耗用生铁53 800元（单价4元/千克）；铁铸件单位材料消耗定额为18千克，铝铸件单位材料消耗定额为13千克（分配率保留小数点后两位）。请你作为该制造厂的成本会计，计算各产品的定额消耗量、材料费用分配率，以及各产品应负担的材料费用。

注：详细分析过程请扫描二维码观看企业导师实操处理。

项目四

营运管理

微课 4-1

企业实操应用导学营运管理

学习目标

[知识目标]

◇ 识读营运管理的概念；

◇ 认知营运管理应遵循的原则；

◇ 认知本量利分析；

◇ 认知边际分析、盈亏平衡分析、目标利润分析。

[技能目标]

◇ 能够运用营运管理工具开展保本分析、保利分析与敏感性分析；

◇ 能够运用边际分析法、盈亏平衡分析法和利润敏感分析法进行企业生产决策。

[素养目标]

◇ 树立全面质量管理理念，掌握改进与解决质量问题方法；

◇ 具备安全边界意识、风险意识和规则意识，增强规避风险、抵御风险的能力。

学习建议

　　本量利分析是研究企业在一定期间内的成本、业务量和利润三者之间关系的一种分析方法。本量利分析可以用于企业的预测、决策、利润规划和成本控制等。在学习过程中，建议重点理解本量利基础模型，在此基础上学习各项公式计算，并将财务数据与业务分析相结合。

思维导图

营运管理

- 营运管理概述
  - 认知营运管理
  - 营运管理的目的
  - 营运管理工具和方法
  - 营运绩效管理
- 初识本量利分析
  - 本量利分析
  - 本量利分析的基本假设
  - 本量利分析的基本原理
- 认知盈亏平衡分析
  - 盈亏平衡分析的含义
  - 盈亏平衡分析的相关概念
  - 单一产品的盈亏平衡分析
  - 多种产品的盈亏平衡分析
- 目标利润分析
  - 目标利润分析的概念
  - 目标利润分析的内容
  - 单一产品的目标利润分析
  - 产品组合的目标利润分析
- 应用敏感性分析
  - 敏感性分析的概念
  - 敏感性分析
  - 敏感性分析在短期营运决策中的应用程序
  - 敏感性分析法的评价
- 边际分析
  - 认知边际分析
  - 边际贡献分析
  - 安全边际分析

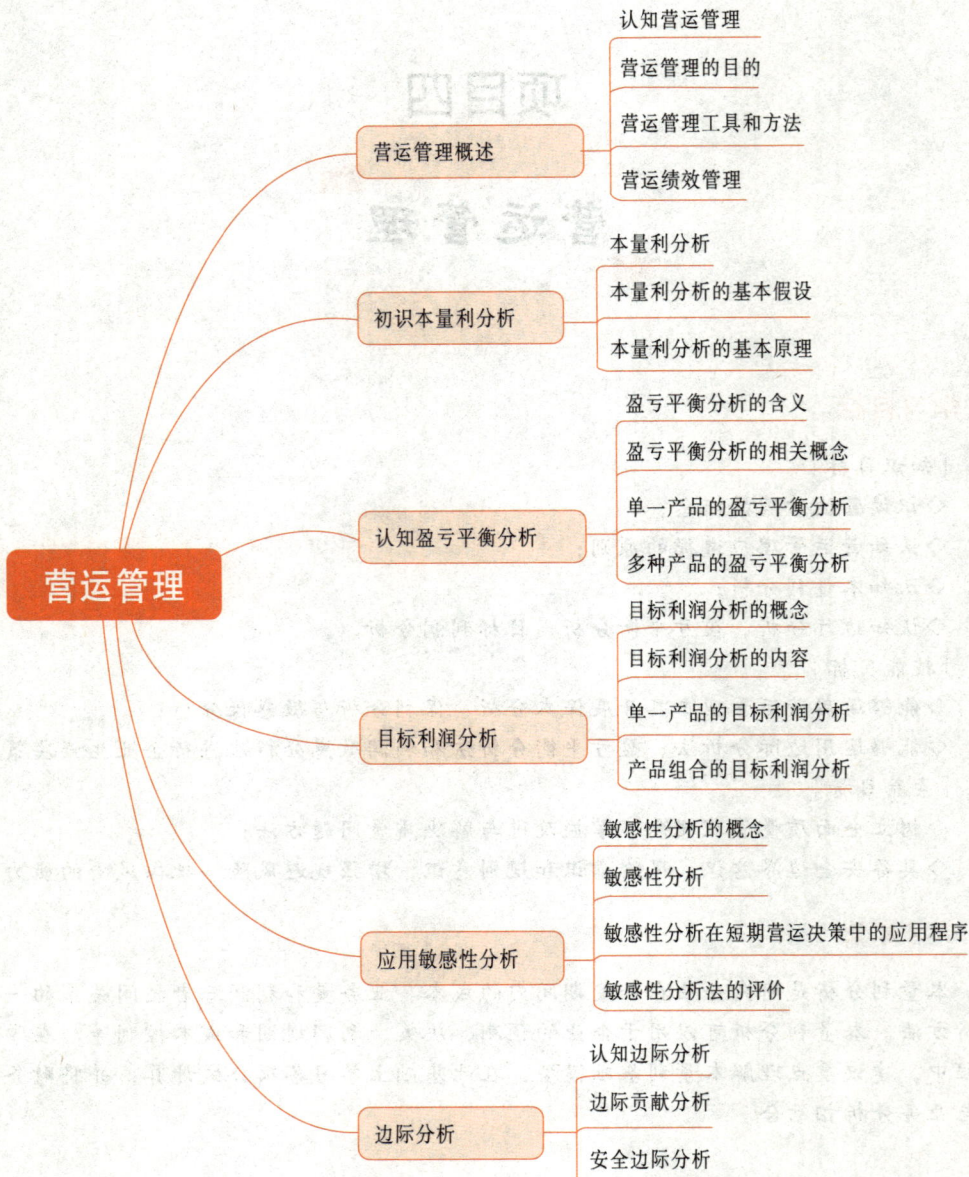

企业实际工作实操导入

一、企业基本情况

北京华强储运服务有限公司（以下简称"华强公司"）成立于2019年12月，注册资金1 200万元，位于北京市大兴区兴丰工业园，主要从事货物仓储、货物装卸、物流运输服务（如图4-1所示）。

图4-1 北京华强储运服务有限公司主营业务

华强公司在2023年10月进行资源整合，成立了运输中心，为仓储客户及电商商家提供运输和快递服务，主要覆盖北京及天津、承德、唐山、廊坊、张家口、保定等周边地区。

华强公司始终奉行"诚实守信、致力服务、创新发展"的宗旨，为新老客户提供安全高效的仓储物流服务。

二、公司主要服务

华强公司提供的主要服务包括仓储服务和物流服务。目前公司有冷藏仓库、恒温仓库、普通仓库和露天货场为客户货物提供储存服务；同时为周边客户提供运输和快递服务。

（一）仓储中心

华强公司的仓储服务流程如图4-2所示。

（二）运输中心

华强公司的物流服务流程如图4-3所示。

零担运输是华强公司业务的重要组成部分，不同于传统B2B模式下的整车运输业务（通常是直达模式），零担运输必然要经历货物的收集、分拣、干线运输、分拨和配送，为了提高物流交付的可预测性和可信度，从而改善客户体验，实现服务速度的提升，公司必须根据业务需要在各地建立运输中心。

运输中心的建立，除了要考虑服务对象、服务覆盖面、交通等众多因素外，还要考虑该中心地区业务量、成本投入、定价等因素。此外，在运输中心运营管理过程中，管理层往往需要评估价格、业务量等因素对目标利润的影响，针对这些问题，管理层需要通过哪些方法来进行评估和决策呢？

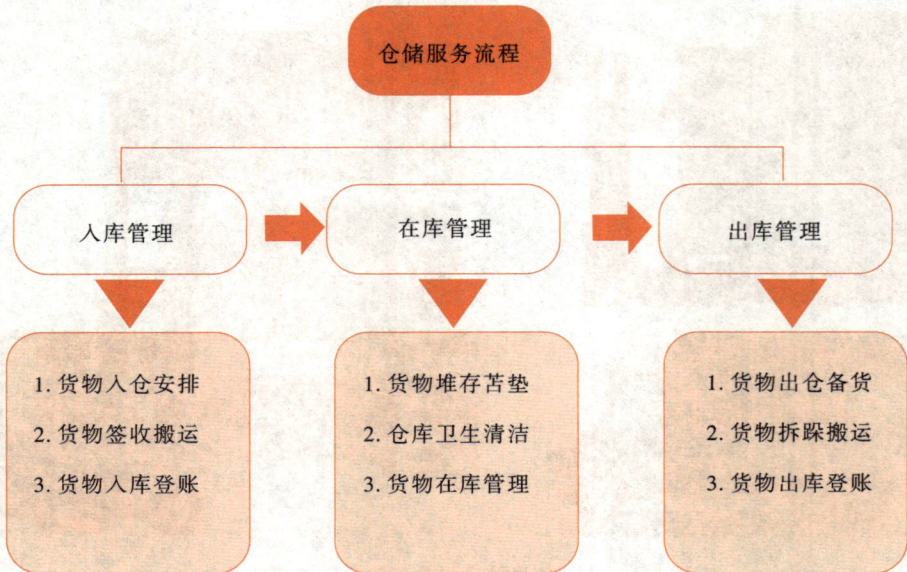

图4-2 仓储服务流程

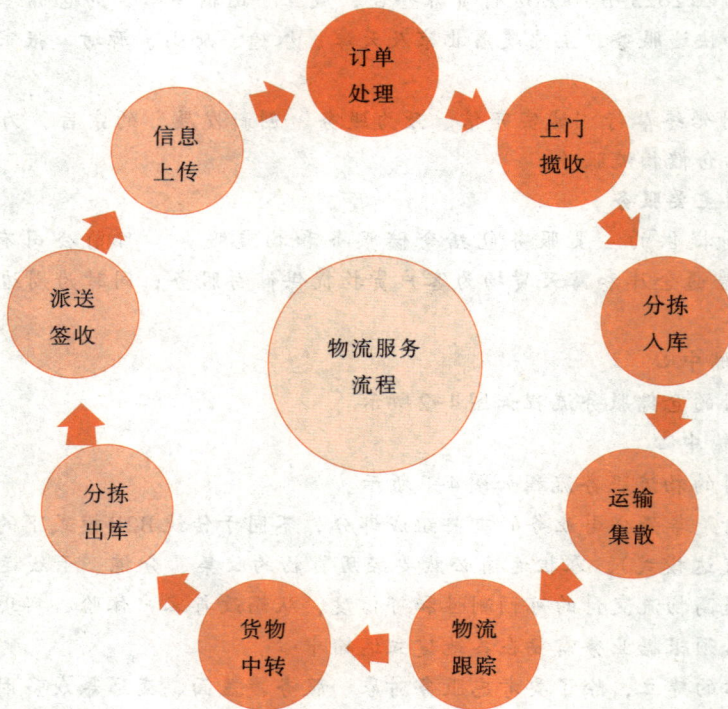

图4-3 物流服务流程

华强公司通过有效运用本量利分析方法，对运营中心单价、业务量和利润之间的关系进行分析，提高了定价的效率和准确率，为公司运营决策提供了更加科学的依据，进而提高了公司的盈利能力和市场竞争力，使公司利润达到最大化。

任务一 营运管理概述

一、认知营运管理

营运管理是指为了实现企业战略和营运目标，通过计划、组织、指挥、协调、控制、激励等活动，实现对企业生产经营过程中的物料供应、产品生产和销售等环节的价值增值管理。

二、营运管理的目的

营运管理的目的是明确营运管理基本程序，指导企业提升营运管理水平，提高营运效率和质量，增强价值创造力，最终实现营运目标。

企业进行营运管理时，应区分计划、实施、检查、处理等四个阶段，形成闭环管理，使营运管理工作更加条理化、系统化、科学化。

三、营运管理工具和方法

营运管理的工具和方法包括但不限于本量利分析、敏感性分析、边际分析和标杆管理等。企业应根据自身业务特点和管理需要等，对不同的营运管理工具方法进行恰当结合与综合运用，更好地实现营运管理的目标。

四、营运管理工具方法应用程序

企业营运管理应用程序包括：营运计划的制订、营运计划的执行、营运计划的调整、营运监控分析与报告、营运绩效管理等。

（一）营运计划的制订

营运计划是指企业根据战略决策和营运目标的要求，从时间和空间上对营运过程中所需要的各种资源所做的统筹安排，主要作用是分解营运目标、分配企业资源、安排营运过程中的各项活动。

营运计划按时间可分为长期营运计划、中期营运计划和短期营运计划；按内容可分为销售、生产、供应、财务、人力资源、产品开发、技术改造和设备投资等营运计划。

（二）营运计划的执行

经审批的营运计划应以正式文件的形式下达执行。执行企业应逐级分解营运计划，按照横向到边、纵向到底的要求分解落实到各下级企业或部门、岗位或员工，确保营运计划得到充分落实。

企业应建立配套的监督控制机制，及时记录营运计划执行情况，进行差异分析与纠偏，持续优化业务流程，确保营运计划有效执行。

（三）营运计划的调整

企业的营运计划一旦批准下达，一般不予调整。宏观经济形势、市场竞争形势等发生重大变化，导致企业营运状况与预期出现较大偏差的，企业可以适时对营运计划做出调整，使营运目标更加切合实际。

企业应建立营运计划调整的流程和机制，规范营运计划的调整活动。营运计划的调整应由具体执行企业提出调整申请，层层审批，批准后下达正式文件。

（四）营运监控分析与报告

营运监控分析，是指以本期财务和管理指标为起点，通过指标分析查找异常，并进一步揭示差异所反映的营运缺陷，追踪缺陷成因，提出并落实改进措施，不断提高企业营运管理水平。

营运监控分析包括偿债能力、盈利能力、发展能力等方面的财务指标以及生产能力、管理能力等方面的非财务内容，并根据所处行业的营运特点，通过趋势分析、对标分析等工具方法，建立完善营运监控分析指标体系。

（五）营运绩效管理

开展营运绩效管理，可以激励员工为实现营运管理目标做出贡献。企业可以建立不同层级的绩效管理组织，明确绩效管理流程和审批权限，制定绩效管理办法、实施细则等绩效管理制度。

绩效管理指标应以企业营运管理指标为基础，做到无缝衔接、层层分解，确保企业营运目标的落实。

微课 4-2

推开营运
管理之门

任务二　初识本量利分析

一、本量利分析

本量利分析也称CVP分析，是指以成本性态分析和变动成本法为基础，运用数学模型和图式，对成本、利润、业务量与单价等因素之间的依存关系进行分析，发现变动的规律性，为企业进行预测、决策、计划和控制等活动提供支持的一种方法。

成本性态是指成本与业务量之间的相互依存关系。按照成本性态，成本可划分为固定成本、变动成本和混合成本。

（一）固定成本

不受业务量变动影响而保持总额不变的成本即为固定成本。固定成本示意图如图4-4所示。

图4-4　固定成本示意图

（二）变动成本

随业务量的变动而总额成正比例变动的成本为变动成本。变动成本示意图如图4-5

所示。

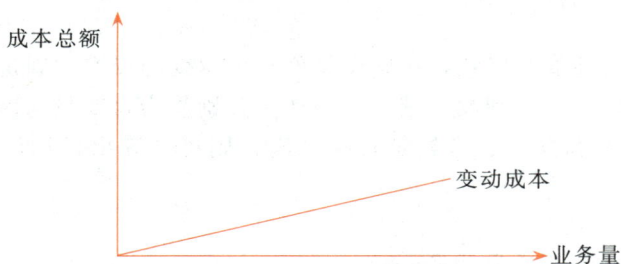

图4-5　变动成本示意图

（三）混合成本

介于固定成本和变动成本之间，其总额既随业务量变动又不成正比例变动的那部分成本，兼具固定成本和变动成本两种不同性质的成本，称为混合成本（如图4-6所示）。

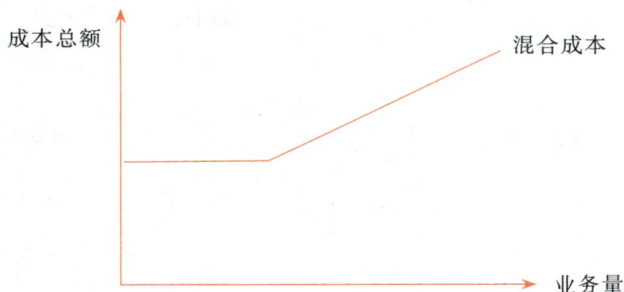

图4-6　混合成本示意图

二、本量利分析的基本假设

（一）成本性态分析假设

假定所有成本都已划分为固定成本和变动成本两部分。在相关范围内，固定成本总额保持不变，变动成本总额随业务量的变化成正比例变化。

（二）相关范围假设

假定在一定时期内，业务量总是在相关范围内变动。

（三）模型线性化假设

假定销售收入与业务量呈完全线性关系。即表明当销售量在相关范围内变化时，产品的单价不会发生变化。

（四）产销平衡假设

假定计算期内产品的生产量和销售量一致，即企业生产出来的产品都能销售出去，生产量等于销售量，企业能够实现产销平衡。

（五）品种结构不变假设

假定在多数情况下企业只生产和销售一种产品；若企业组织多种产品的生产经营，则假定其品种结构不变。

三、本量利分析的基本原理

本量利分析的基本原理就是在假设单价、单位变动成本和固定成本为常量以及产销量一致的基础上，将利润、销售量和产量分别作为自变量与因变量，给定产销量，便可以求出其利润，或者给定目标利润，则可计算出目标产量。其计算公式如下：

利润=销售收入-总成本

=销售收入-（变动成本+固定成本）

=销售量×单价-销售量×单位变动成本-固定成本

=销售量×（单价-单位变动成本）-固定成本

成本、业务量和利润的关系可以用图4-7来表示。

微课4-3

初识本量利
分析

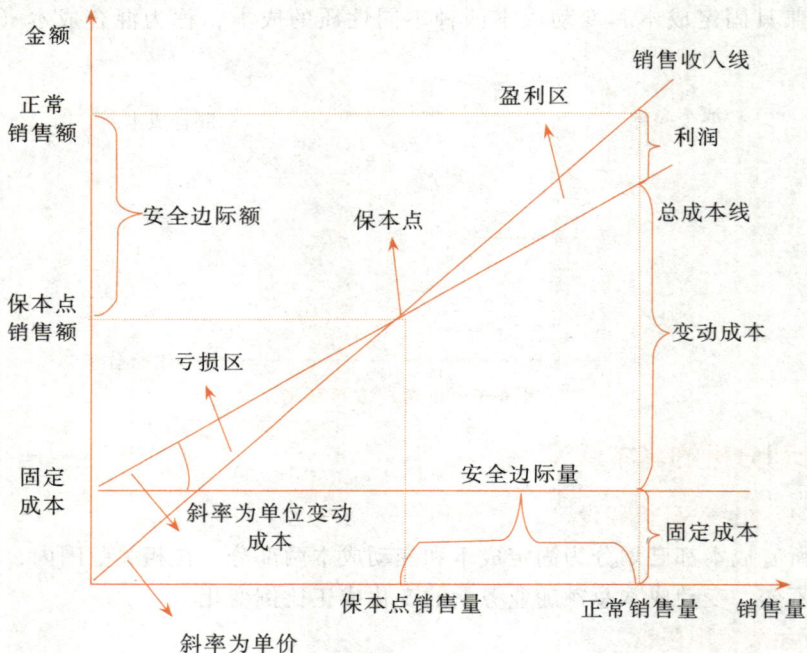

图4-7 本量利关系图

本量利分析方法通常包括盈亏平衡分析、目标利润分析、敏感性分析、边际分析等。此种分析方法可以帮助企业寻找增加收入、降低成本的途径，是企业进行决策、规划和控制的重要工具。本量利分析方法与经营风险相联系，可促使企业降低风险；与预测技术相结合，可以帮助企业进行盈亏平衡预测、确保目标利润实现的业务量预测；与决策融为一体，可以帮助企业进行生产决策、定价决策和投资不确定性分析。

微课 4-4

认知盈亏
平衡分析

任务三 认知盈亏平衡分析

一、盈亏平衡分析的含义

盈亏平衡分析也称保本分析，是指分析测定盈亏平衡点以及有关因素变动对盈亏平衡点的影响等，是本量利分析的核心内容。盈亏平衡分析如图4-8所示。

盈亏平衡分析

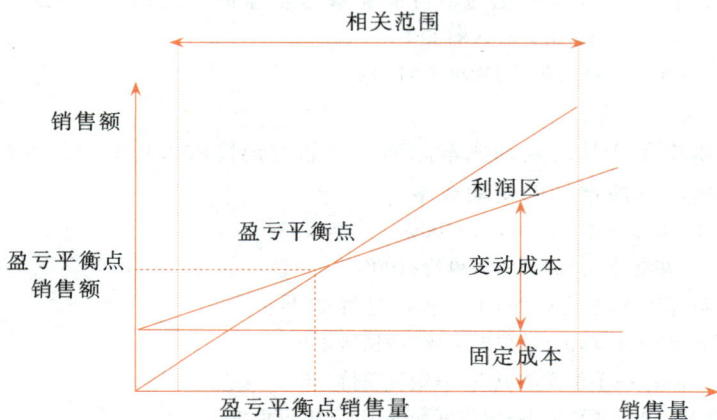

图4-8 盈亏平衡分析图

二、盈亏平衡分析的相关概念

（一）边际贡献

边际贡献是衡量企业经济效益的重要指标，亦称为边际毛益、贡献毛益、边际利润或贡献边际。其计算公式如下：

边际贡献=销售收入-变动成本

在本量利基本公式中：

利润=边际贡献-固定成本

边际贡献首先可以补偿企业的固定成本，只有当边际贡献大于固定成本时才能为企业提供利润，否则企业将亏损。

（二）单位边际贡献

单位边际贡献是每增加一个单位产品的销售可以为企业提供的边际贡献。

在边际贡献的基础上，将其计算公式左右两边都除以销售量，则得到单位边际贡献的计算公式，如图4-9所示。

$$边际贡献总额 \over 销售量 = 销售收入-变动成本 \over 销售量$$

单位边际贡献=单位售价-单位变动成本

图4-9 单位边际贡献过程图

（三）边际贡献率

边际贡献率是边际贡献总额占产品销售收入总额的百分比，反映企业盈利能力的相对数指标，表明每增加一元的销售额能够为企业提供的边际贡献。

边际贡献率=边际贡献÷销售收入×100%

=单位边际贡献÷销售单价×100%

（四）变动成本率

变动成本率是产品的变动成本总额与产品的销售收入总额之间的比率，表明每增加一元的销售收入所增加的变动成本。

变动成本率=变动成本÷销售收入×100%

=单位变动成本÷销售单价×100%

边际贡献率+变动成本率=1，推导过程如下：

单位边际贡献÷销售单价+单位变动成本÷销售单价

=（单位边际贡献+单位变动成本）÷销售单价

=（销售单价-单位变动成本+单位变动成本）÷销售单价

=1

显然，边际贡献率与变动成本率具有互补关系。

三、单一产品的盈亏平衡分析

根据保本的含义，即不盈不亏，当利润为零时，利润=销售量×（销售单价-单位变动成本）-固定成本=0，由此推导出：

保本点销售量（盈亏平衡点销售量）=固定成本÷（销售单价-单位变动成本）

=固定成本÷单位边际贡献

保本点销售额（盈亏平衡点销售额）=销售单价×保本点销售量

=销售单价×（固定成本÷单位边际贡献）

=固定成本÷边际贡献率

【案例4-1】北京华强储运服务有限公司在不断扩大业务类型，进入日化产业，生产一种棉柔巾纸尿裤产品，单价18元，单位变动成本10元，固定成本总额10 000元。假设你是企业管理会计专员，请你帮助企业进行盈亏平衡分析，并给出合理化建议。

分析：在企业中，单一产品盈亏平衡分析可直接用盈亏平衡计算公式，具体分析过程如下：

盈亏平衡点销售量（保本点销售量）=固定成本÷（销售单价-单位变动成本）

=10 000÷（18-10）=1 250（件）

盈亏平衡点销售额（保本点销售额）=销售单价×销售量=18×1 250=22 500（元）

当企业销售 1 250 件时，企业可以保本，不盈不亏；当企业销售量大于 1 250 件时，企业可盈利。

【互动思考】盈亏平衡分析是管理会计中典型的分析方法，它主要通过研究一定时期内企业的收入、支出等项目，从而分析企业未来可能发生的盈利。它在制造业企业应用较多，可以帮助企业分析产品成本、控制产品成本，从而降低企业的经营风险，降本增效，欢迎你进一步思考，进入在线课平台，与编者进一步互动。

四、多种产品的盈亏平衡分析

在企业生产多种产品的情况下，需要采用统一的方法来确定多种产品的综合保本点和每一种产品的保本点。具体操作步骤如下：

第一步：计算各产品的单位边际贡献和边际贡献率。

第二步：计算各产品的销售额及销售额权重。

第三步：计算综合边际贡献率。

综合边际贡献率=∑各种产品的边际贡献率×该产品的销售额比重

第四步：计算综合盈亏平衡点的销售额。

综合盈亏平衡点销售额=固定成本总额÷综合边际贡献率

第五步：计算某产品的盈亏平衡点销售额和销售量。

某产品的盈亏平衡点销售额=综合盈亏平衡点销售额×该产品的销售额权重

某产品的盈亏平衡点销售量=该产品的盈亏平衡点销售额÷该产品的销售单价

【案例 4-2】北京华强储运服务有限公司目前处于转型过程中，公司生产安全座椅，包括提篮安全座椅、包裹安全座椅、超轻安全座椅三种产品，其固定成本总额为 18 000 元，三种产品的有关资料见表 4-1。

表 4-1　　　　　　　　　　　三种产品的有关资料

品种	销售单价（元）	销售量（件）	单位变动成本（元）
提篮安全座椅	900	40	720
包裹安全座椅	2 000	80	1 800
超轻安全座椅	1 000	20	600

要求：计算该公司的综合盈亏平衡点销售额，及各产品的盈亏平衡点销售额和销售量。

计算及分析过程见表 4-2。

表 4-2　　　　　　　　　　　三种产品的盈亏平衡分析过程

品种	单位边际贡献（元）	边际贡献率（%）	销售额（元）	销售权重（%）
提篮安全座椅	180	20	36 000	17
包裹安全座椅	200	10	160 000	74
超轻安全座椅	400	40	20 000	9
合计	780	—	216 000	100

综合边际贡献率=∑（20%×17%+10%×74%+40%×9%）=14.4%

综合盈亏平衡点销售额=18 000÷14.4%=125 000（元）

管理会计基础

续表

品种	单位边际贡献（元）	边际贡献率（%）	销售额（元）	销售权重（%）
品种	盈亏平衡点销售额		盈亏平衡点销售量	
提篮安全座椅	125 000×17%=21 250（元）		21 250÷900=23.6（件）	
包裹安全座椅	125 000×74%=92 500（元）		92 500÷2 000=46.25（件）	
超轻安全座椅	125 000×9%=11 250（元）		11 250÷1 000=11.25（件）	

　　企业在进行生产决策时可知，生产24件提篮安全座椅、47件包裹安全座椅和12件超轻安全座椅时企业可以保本，在此基础上，企业可以盈利。

　　【互动思考】你是否可以根据本量利分析图分析出企业盈亏平衡点越低越好还是越高越好？

任务四　目标利润分析

目标利润分析

一、目标利润分析的概念

　　目标利润分析是在本量利分析的基础上，计算为达到目标利润所需达到的业务量、收入和成本的一种利润规划方法，这种方法应反映市场的变化趋势、企业战略规划目标以及管理层需求等。

二、目标利润分析的内容

　　目标利润分析包括单一产品的目标利润分析和产品组合的目标利润分析。单一产品的目标利润分析重在分析每个要素的重要性。产品组合的目标利润分析重在优化企业产品组合。

三、单一产品的目标利润分析

　　本量利分析的基本公式为：

利润=销售量×（销售单价-单位变动成本）-固定成本

　　按照企业经营预测想要达到的目标利润，通过本量利分析的基本公式，变形可得到：

目标利润的销售量=（目标利润+固定成本）÷（销售单价-单位变动成本）

＝（目标利润+固定成本）÷单位边际贡献

目标利润的销售额=销售单价×目标利润的销售量

＝（目标利润+固定成本）÷边际贡献率

　　【案例4-3】蒙机公司生产一种保温杯，单价40元，单位变动成本20元，固定成本总额10 000元，目标利润100 000元。作为企业管理会计专员，如果想实现目标利润，那么需要销售多少件保温杯和实现多少销售额，请你帮助企业分析。

　　根据目标利润销售量和目标利润销售额的计算公式可得：

目标利润的销售量＝（目标利润+固定成本）÷（销售单价-单位变动成本）

= （100 000+10 000）÷（40-20）=5 500（件）

目标利润的销售额=销售单价×目标利润的销售量

=40×5 500=220 000（元）

企业要想实现100 000元的目标利润，需要至少销售5 500件保温杯，销售额达到220 000元后，企业方可盈利。

四、产品组合的目标利润分析

企业生产多种产品时，按照企业生产经营计划，实现预设的目标利润，根据本量利公式可变形得到如下公式：

目标利润的销售额＝（综合目标利润+固定成本）÷综合边际贡献率

= （综合目标利润+固定成本）÷（1-综合变动成本率）

也可以做如下变形，得到目标利润销售额的计算公式：

目标利润的销售额=固定成本÷（1-综合变动成本率-综合目标利润率）

具体推导过程如下：

综合目标利润=销售额-综合变动成本-固定成本

等式两边同时除以销售额：

综合目标利润÷销售额＝（销售额-综合变动成本-固定成本）÷销售额

综合目标利润率=1-综合变动成本率-固定成本÷销售额

固定成本÷销售额=1-综合变动成本率-综合目标利润率

销售额=固定成本÷（1-综合变动成本率-综合目标利润率）

所以，实现目标利润的销售额=固定成本÷（1-综合变动成本率-综合目标利润率）

【案例4-4】蒙机公司生产超薄纸尿裤、瞬吸纸尿裤、速干纸尿裤三种产品，其固定成本总额为72 000元，三种产品的有关资料见表4-3。如果公司希望综合目标利润为50 000元，请计算目标利润的销售额。

表4-3　　　　　　　　　　　三种产品的有关资料

项目	超薄纸尿裤	瞬吸纸尿裤	速干纸尿裤
产销量（件）	2 000	1 000	2 000
单价（元）	60	90	75
单位变动成本（元）	40	60	50

分析过程见表4-4。

表4-4　　　　　　　　三种产品目标利润的销售额的分析过程

项目	超薄纸尿裤	瞬吸纸尿裤	速干纸尿裤	合计
产销量（件）	2 000	1 000	2 000	5 000
单价（元）	60	90	75	—
单位变动成本（元）	40	60	50	—

续表

项目	超薄纸尿裤	瞬吸纸尿裤	速干纸尿裤	合计
销售额	120 000	90 000	150 000	360 000
变动成本总额	80 000	60 000	100 000	240 000
综合变动成本率	=240 000÷360 000×100%=66.67%			
目标利润的销售额	=（50 000+72 000）÷66.67%=182 990.85（元）			

【案例4-5】公司生产超薄纸尿裤、瞬吸纸尿裤、速干纸尿裤三种产品，其固定成本总额为72 000元，三种产品的有关资料见表4-5。如果公司希望综合目标利润率为20%，请计算出实现目标利润的销售额。

表4-5　　　　　　　　　　　　三种产品的有关资料

项目	超薄纸尿裤	瞬吸纸尿裤	速干纸尿裤
产销量（件）	2 000	1 000	2 000
单价（元）	60	90	75
单位变动成本（元）	40	60	50

分析过程见表4-6。

表4-6　　　　　　　　三种产品目标利润率的销售额的分析过程

项目	超薄纸尿裤	瞬吸纸尿裤	速干纸尿裤	合计
产销量（件）	2 000	1 000	2 000	5 000
单价（元）	60	90	75	—
单位变动成本（元）	40	60	50	—
销售额	120 000	90 000	150 000	360 000
变动成本总额	80 000	60 000	100 000	240 000
综合变动成本率	=240 000÷360 000×100%=66.67%			
实现目标利润的销售额	=72 000÷（1-66.67%-20%）=540 135.03（元）			

企业销售超薄纸尿裤、瞬吸纸尿裤、速干纸尿裤三种产品销售额达到540 135.03元时，企业可以实现既定的目标利润率。

【小提示】企业销售额达到既定目标，需要对市场进行准确的定位和分析，然后进行合理且具有竞争力的产品定价，打通适合该产品的销售渠道，利用营销手段实现目标利润。

任务五　应用敏感性分析

一、敏感性分析的概念

敏感性分析是对影响目标实现的因素变化进行量化分析，以确定各因素变化对实现目标的影响及其敏感程度。敏感性分析具有广泛适用性，企业在营运计划的制订、调整以及营运监控分析等程序中通常会应用到敏感性分析，敏感性分析也常用于长期投资决策等。根据分析中所涉及的因素不同，敏感性分析可以分为单因素敏感性分析和多因素敏感性分析。

二、敏感性分析

各参数变化都会引起利润的变化，但其影响程度各不相同。有的参数可能发生微小变化，就会使利润发生很大的变动，利润对这些参数的变化十分敏感，我们称这类参数为敏感因素。与此相反，有的参数发生变化后，利润的变化不大，我们称这类参数为不敏感因素。反映敏感程度的指标是敏感系数。

（一）敏感性分析的内容

敏感性分析主要研究和分析有关参数发生多大变化会使盈利转为亏损，各参数变化对利润的影响程度，以及参数变化时，如何通过销量的调整，保证原目标利润的实现。

有关参数发生变化盈亏变化时，将产生盈利转为亏损的有关变量的临界值，即确定销售量和单价的最小允许值、单位变动成本和固定成本的最大允许值。

1.销售量最小值

销售量最小值是指使企业利润为零时的销售量，它就是盈亏临界点销售量，就是保本时的销售量，也就是盈亏临界点销售量，计算公式如下：

销售量的最小允许值＝固定成本÷（单价－单位变动成本）

2.单价最小值

单价下降会使利润下降，下降到一定程度，利润将变为零，它是企业能容忍的销售单价最小值。

$$单价最小值 = \frac{固定成本}{销售量} + 单位变动成本$$

3.单位变动成本最大值

单位变动成本上升会使利润下降并逐渐趋于零，此时的单位变动成本是企业能接受的最大值。

单位变动成本的最大允许值＝（单价×销售量－固定成本）÷销售量

4.固定成本最大值

固定成本上升亦会使利润下降并趋近于零。

固定成本的最大允许值＝（单价－单位变动成本）×销售量

（二）各参数敏感系数计算

各参数敏感系数的计算如图4-10所示。

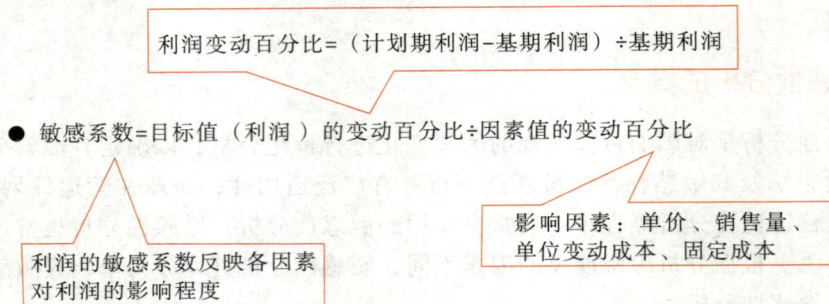

利润变动百分比=（计划期利润−基期利润）÷基期利润

● 敏感系数=目标值（利润）的变动百分比÷因素值的变动百分比

利润的敏感系数反映各因素对利润的影响程度

影响因素：单价、销售量、单位变动成本、固定成本

图4-10　各参数敏感系数计算图示

【案例4-6】蒙华公司销售医用呼吸机，呼吸机的销售量为500台、销售单价为54 999元、单位变动成本为23 269元、固定成本为150 000元，试计算销售量、销售单价、单位变动成本和固定成本均分别增长10%时，各因素的敏感系数。

（1）销售量敏感系数的计算

销售量=500×（1+10%）=550（台）

计划期利润=550×（54 999−23 269）−150 000=17 301 500（元）

基期利润=500×（54 999−23 269）−150 000=15 715 000（元）

利润变动百分比=（17 301 500−15 715 000）÷15 715 000×100%=10.1%

销售量的敏感系数=10.1%÷10%=1.01

由此可见，销售量变动10%，利润也会基本变动10%，即当销售量增长时，利润会以基本持平的幅度增长。这是由企业固定成本被产量、销量分摊导致成本下降产生的。对销售量进行敏感性分析，实质上就是分析经营杠杆现象，利润对销售量的敏感系数其实就是经营杠杆系数。

（2）销售单价敏感系数的计算

单价=54 999×（1+10%）=60 498.9（元）

利润=500×（60 498.9−23 269）−150 000=18 464 950（元）

利润变动百分比=（18 464 950−15 715 000）÷15 715 000×100%=17.5%

单价的敏感系数=17.5%÷10%=1.75

由此可见，销售单价对利润的影响很大，单价变动10%，利润则以17.5%的速率随单价变化，看来涨价是提高盈利的有效手段。反之，价格下跌也将对企业构成很大威胁，经营者必须对销售价格予以关注，同时考虑产品的性能和市场接受度，避免涨价带来的市场份额流失及价格下跌带来的不良风险。

（3）单位变动成本敏感系数的计算

单位变动成本=23 269×（1+10%）=25 595.9（元）

利润=500×（54 999−25 595.9）−150 000=14 551 550（元）

利润变动百分比=（14 551 550−15 715 000）÷15 715 000×100%=−7.4%

单位变动成本的敏感系数=−7.4%÷10%=−0.74

由此可见，单位变动成本每上升10%，利润将下降7.4%，这也是大部分企业在实际压缩成本时，更愿意在变动成本上"下功夫"的原因所在，要么通过研发新材料降低成本，要么寻找更便宜经济的材料降低成本，从而实现目标利润。

（4）固定成本敏感系数的计算

固定成本=150 000×（1+10%）=165 000（元）

利润=500×（54 999−23 269）−165 000=15 700 000（元）

利润变动百分比=（15 700 000−15 715 000）÷15 715 000×100%=−0.095%

固定成本的敏感系数=−0.095%÷10%=−0.0095

由此可见，固定成本每上升10%，利润将减少0.095%，说明固定成本对利润的影响非常小，通过管控固定成本实现目标利润的路径并不可行。

通过计算分析可以得出，该公司布局多元化生产线是非常正确的决策，提高了公司整体的盈利水平，呼吸机生产销售整体向好，其中对于产品定价的敏感系数为1.75，需要公司与同行业的同类产品进行比对，从而找到价格优势，增强竞争力，保证目标利润的实现。

三、敏感性分析在短期营运决策中的应用程序

短期营运决策的应用程序一般包括：确定短期营运决策目标、根据决策环境确定决策目标的基准值、分析确定影响决策目标的各种因素、计算敏感系数、根据敏感系数对各因素进行排序等。

四、敏感性分析法的评价

敏感性分析的主要优点包括：方法简单易行，分析结果易于理解，能为企业的规划、控制和决策提供参考。

敏感性分析的主要缺点包括：对决策模型和预测数据具有依赖性，决策模型的可靠程度和数据的合理性会影响敏感性分析的可靠性。

【小贴士】敏感性分析有助于企业识别、控制和防范短期营运决策、长期投资决策等相关风险，也可用于一般经营分析。

任务六　边际分析

微课 4-7

运用边际
分析

一、认知边际分析

边际分析，是指分析某可变因素的变动引起其他相关可变因素变动的程度的方法，以评价既定产品或项目的获利水平，判断盈亏临界点，提示营运风险，支持营运决策。

企业在营运计划的制订、调整以及营运监控分析等程序中通常会应用到边际分析。企业在营运管理中，通常在进行本量利分析、敏感性分析的同时运用边际分析工具方法。边际分析工具方法主要有边际贡献分析、安全边际分析等。

二、边际贡献分析

边际贡献分析主要包括边际贡献和边际贡献率两个指标，用来衡量产品为企业贡献利润的能力。

边际贡献总额是产品的销售收入扣除变动成本总额后给企业带来的贡献，进一步扣除企业的固定成本总额后，剩余部分就是企业的利润，相关计算公式如下：

边际贡献总额=销售收入-变动成本总额

单位边际贡献=单价-单位变动成本

边际贡献率=边际贡献÷销售收入×100%

=单位边际贡献÷单价×100%

企业面临资源约束，需要对多个产品线或多种产品进行优化决策或对多种待选新产品进行投产决策的，可以通过计算边际贡献以及边际贡献率，评价待选产品的营利性，优化产品组合。

如计算现有各条产品线或各种产品的边际贡献并进行比较，增加边际贡献或边际贡献率高的产品组合，减少边际贡献或边际贡献率低的产品组合。

企业进行单一产品决策时，评价标准如下：

当边际贡献总额＞固定成本时，利润＞0，表明企业盈利；

当边际贡献总额＜固定成本时，利润＜0，表明企业亏损；

当边际贡献总额=固定成本时，利润=0，表明企业保本。

企业进行多产品决策时，边际贡献与变动成本之间存在如下关系：

综合边际贡献率=1-综合变动成本率

综合边际贡献率反映了多产品组合为企业作贡献的能力，该指标通常越大越好。

【案例4-7】华泰公司现有生产能力可生产零触感纸尿裤10 000件，销售单价为59元，单位变动成本为35元，单位固定成本为29元。你现在作为公司的管理会计专员，请采用边际贡献法为该公司做出决策分析。

根据产品的有关数据资料计算的边际贡献总额为：

边际贡献总额=（59-35）×10 000=240 000（元）

固定成本总额=29×10 000=290 000（元）

由于边际贡献总额240 000元＜固定成本总额290 000元，利润＜0，公司亏损，因此暂时不生产零触感纸尿裤。

三、安全边际分析

安全边际分析，表示目标利润下的销售量（额）超过盈亏平衡点销售量（额）的部分，衡量企业在保本的前提下，能够承受因销售额下降带来的不利影响的程度和企业抵御营运风险的能力。安全边际分析主要包括安全边际和安全边际率两个指标。

1.安全边际

企业可以通过计算企业的安全边际量和安全边际额来进行分析，一般而言，安全边际越大，该产品的营运安全度越高。安全边际示意图如图4-11所示。

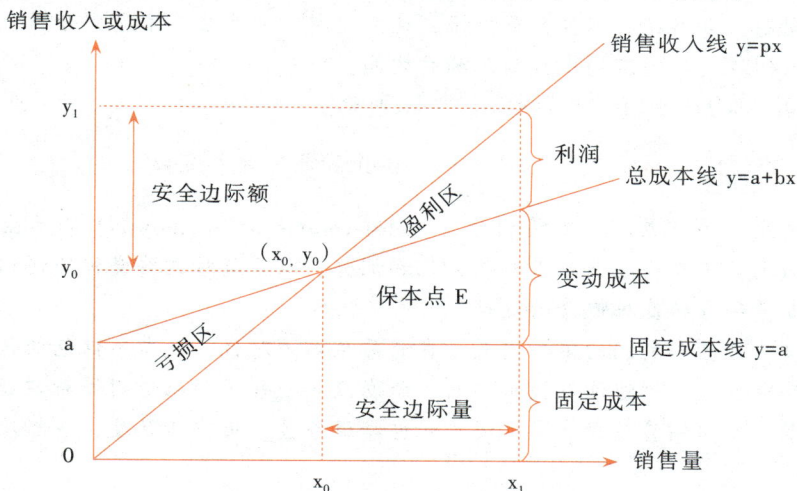

图4-11 安全边际示意图

安全边际量=实际销售量或预期销售量−保本点（盈亏平衡点）销售量

安全边际额=实际销售额或预期销售额−保本点销售额=安全边际量×单价

2.安全边际率

安全边际率=安全边际量÷实际销售量或预期销售量×100%

=安全边际额÷实际销售额或预期销售额×100%

安全边际是评价企业经营安全程度的指标，安全边际分析方法的主要优点是：可有效地分析业务量、变动成本和利润之间的关系，通过定量分析，直观地反映企业营运风险，促进提高企业营运效益。

安全边际分析方法的主要缺点是：决策变量与相关结果之间关系较为复杂，所选取的变量直接影响边际分析的实际应用效果。

启智润心

王瑾是一名大学生，毕业后在城市里工作了好几年。然而，他始终忘不了家乡的那片土地和乡亲们的期盼，经过思考，他选择回乡创业，开了一家名为"阳光农产坊"的卖土豆的小店，专门销售家乡"武川土豆"。

起初，王瑾的生意还不错，乡亲们对他的产品赞不绝口，附近的游客也常常光顾。但随着时间的推移，王瑾发现，随着原材料和物流成本的上涨，利润越来越薄。他不敢轻易涨价，怕失去顾客；也不敢压缩成本，怕影响产品质量。王瑾陷入了两难的境地。

张晨是王瑾的大学同学，现在是某企业的管理会计，听说王瑾的烦恼后，他笑着说："其实，你可以试试用本量利分析来解决这个问题。"

张晨解释道："本量利分析就是通过分析成本、销量和利润之间的关系，来帮助你做出更好的经营决策。比如，你可以计算出每件产品的成本，然后根据销量和目标利润来定价。"

　　王瑾听后眼前一亮，决定试一试。他和张晨一起整理了农产坊的财务数据，解决了王瑾的问题，乡村振兴不仅需要热情，还需要科学的方法。本量利分析就像一盏明灯，指引人们在复杂的市场中找到正确的方向。

　　资料来源：部分内容是作者根据文心一言问答而来。

链接新质生产力　　　　　　　　　　拥抱新质生产力变革

　　在新质生产力背景下，本量利分析（cost-volume-profit analysis）作为企业管理和经济决策的重要工具，也面临着一些变化和调整。以下是对这些变化的详细分析：

一、本量利分析基础概念的延伸

　　成本、业务量与利润的重新定义。在新质生产力时代，成本不仅包括传统的固定成本和变动成本，还可能涉及技术创新、研发投入、知识产权费用等新型成本。

　　业务量不仅指销售量或产量，还可能包括服务量、用户活跃度、数据流量等多元化指标。

　　利润则更多地与技术创新带来的附加值、市场份额提升、品牌影响力增强等密切相关。

　　技术因素成为关键变量。技术进步和创新是新质生产力的核心驱动力。因此，在本量利分析中，技术因素（如研发投入、技术转化率、技术迭代速度等）成为影响成本、业务量和利润的关键因素。技术的突破和创新可能带来生产效率的大幅提升、产品性能的优化以及市场需求的拓展，从而改变传统的成本结构和业务模式。

二、本量利分析方法的创新

1.引入动态分析

　　在新质生产力背景下，市场环境和技术变化日益快速，传统的静态本量利分析已难以满足决策需求。因此，需要引入动态分析方法，考虑时间因素和技术进步对成本、业务量和利润的影响。

　　通过建立动态模型，可以预测不同时间点的成本、业务量和利润情况，为企业的长期规划提供决策支持。

2.强调数据分析与预测

　　新质生产力时代，数据成为企业决策的重要依据。本量利分析需要充分利用大数据、人工智能等技术手段，对海量数据进行挖掘和分析，以获取更准确的市场信息和成本数据。

　　基于数据分析的预测模型可以帮助企业更准确地预测未来的市场趋势、成本变化和利润水平，从而制定更加科学的决策方案。

三、本量利分析在实践中的应用与挑战

1.应用场景的拓展

　　在新质生产力背景下，本量利分析的应用场景不断拓展。除了传统的制造业和服务业外，还广泛应用于互联网、人工智能、新能源等新兴领域。这些新兴领域具有独特的成本结构和业务模式，需要本量利分析根据具体情况进行灵活调整和优化。

2.面临的挑战与应对

技术不确定性：新质生产力时代，技术更新速度加快，技术路线和商业模式的不确定性增加。这要求本量利分析在预测和决策时充分考虑技术风险和市场变化。

数据获取与处理难度：大数据时代的到来，虽然为企业提供了丰富的信息资源，但也带来了数据获取、处理和分析的挑战。企业需要加强数据管理能力，提高数据质量和准确性。

决策复杂性增加：在新质生产力背景下，企业的决策环境变得更加复杂多变。本量利分析需要与其他决策工具和方法相结合，形成综合决策体系，以应对复杂多变的市场环境。

综上所述，新质生产力背景下本量利分析面临着基础概念的延伸、分析方法的创新以及实践中的应用与挑战。企业需要适应这些变化，加强技术创新和数据分析能力，以更加科学、准确地进行决策和管理。

资料来源：部分内容是作者根据文心一言问答而来。

职业技能等级测试

职业技能
等级测试

一、单项选择题

1.本量利分析的核心目的是（　　）。

A.确定企业的最大利润点
B.找出企业的盈亏平衡点

C.分析产品的市场需求
D.评估企业的投资回报率

2.在本量利分析中，固定成本是指（　　）。

A.随产量变化而变化的成本
B.不随产量变化而变化的成本

C.单位产品所分摊的成本
D.总成本中扣除变动成本后的部分

3.下列（　　）不属于本量利分析的基本假设。

A.销售价格不变
B.单位变动成本不变

C.总成本随产量线性增加
D.市场需求完全无弹性

4.盈亏平衡点的计算公式是（　　）。

A.固定成本÷单位边际贡献
B.固定成本÷（单位售价-单位变动成本）

C.总成本÷总销量
D.总利润÷总销量

5.在本量利分析中，安全边际是指（　　）。

A.实际销量超过盈亏平衡点的销量

B.盈亏平衡点与实际销量的差值

C.固定成本与变动成本之和

D.总利润与总成本之差

6.如果企业的固定成本增加，而其他条件不变，那么盈亏平衡点将（　　）。

A.降低
B.不变
C.提高
D.无法确定

7.单位边际贡献是指（　　）。

A.单位售价与单位变动成本之差　　　　B.总利润与总销量之比

C.固定成本与变动成本之和　　　　　　D.总成本中扣除固定成本后的部分

8.在本量利分析中，贡献毛益率是指（　　　）。

A.单位边际贡献与单位售价之比　　　　B.总利润与总成本之比

C.固定成本占总成本的比例　　　　　　D.变动成本占总成本的比例

9.如果单位变动成本增加，而其他条件不变，那么盈亏平衡点将（　　　）。

A.降低　　　　　　B.不变　　　　　　C.提高　　　　　　D.无法确定

10.在本量利分析中，盈亏平衡点的销售量也被称为（　　　）。

A.保本销售量　　　　　　　　　　　　B.最大利润销售量

C.最小销售量　　　　　　　　　　　　D.目标销售量

11.营运管理的主要目标是（　　　）。

A.提高生产效率　　　　　　　　　　　B.降低生产成本

C.优化资源配置　　　　　　　　　　　D.以上都是

12.以下不属于营运管理的范畴的是（　　　）。

A.生产计划　　　　　　　　　　　　　B.库存管理

C.财务报表分析　　　　　　　　　　　D.质量管理

13.在运用本量利分析制定定价策略时，以下哪一项做法最能体现企业的社会责任？（　　　）

A.以成本为基础，设定较高的价格，确保企业利润最大化

B.根据市场需求，设定较低的价格，牺牲部分利润以扩大市场份额

C.在覆盖成本和实现合理利润的基础上，设定适中的价格，同时通过宣传提升
　　消费者环保意识

D.完全忽略成本，以最低价格销售产品，迅速占领市场

14.在生产管理中，下列属于直接材料成本的是（　　　）。

A.生产工人的工资　　　　　　　　　　B.设备的折旧费用

C.原材料的购买成本　　　　　　　　　D.管理人员的薪酬

15.在成本控制中，标准成本制度的核心是（　　　）。

A.设定合理的成本标准　　　　　　　　B.追求最低成本

C.事后成本控制　　　　　　　　　　　D.成本控制与绩效评价分离

16.以下不属于质量管理范畴的是（　　　）。

A.质量控制　　　　B.质量保证　　　　C.质量改进　　　　D.成本核算

17.在营运管理中，以下属于长期决策的是（　　　）。

A.生产计划的制订　　　　　　　　　　B.库存水平的调整

C.生产设备的购置　　　　　　　　　　D.销售渠道的选择（短期视角）

18.以下指标用于衡量企业盈利能力的是（　　　）。

A.毛利率　　　　B.库存周转率　　　　C.产能利用率　　　　D.流动资产周转率

19.在生产管理中，下列各项属于直接人工成本的是（　　　）。

A.生产工人的工资　　　　　　　　　　B.生产设备的维修费用

C.原材料的购买成本   D.办公场地的租金

20.在营运管理中，（ ）是制订生产计划的基础。

A.市场需求预测   B.生产成本分析

C.财务报表   D.战略规划

21.某企业生产一种产品，每件产品的售价为30元，变动成本为15元，固定成本总额为6万元。企业希望实现目标利润3万元。为了实现目标利润，企业需要达到的销售量是（ ）件。

A.2 000   B.3 000   C.4 000   D.5 000

22.在质量管理中，PDCA循环指的是（ ）。

A.计划−执行−检查−处理   B.预测−控制−分析−改进

C.规划−实施−评估−调整   D.预备−执行−审查−完成

23.某企业生产一种产品，每件产品的变动成本为20元，固定成本总额为5万元。目前，该产品的售价为50元，每月销量为2 000件。企业正在考虑是否降价促销，预计降价10%后，销量将增加15%。在决定是否降价促销时，以下哪一项分析最能帮助企业做出决策？（ ）

A.仅使用边际分析，计算降价后每件产品的边际贡献是否增加

B.仅使用本量利分析，计算降价前后的利润变化

C.结合边际分析和本量利分析，评估降价对销量和利润的综合影响

D.忽略边际分析和本量利分析，直接根据市场经验决定是否降价

24.在成本控制中，变动成本法主要关注的是（ ）。

A.固定成本   B.变动成本

C.总成本   D.单位成本

25.以下不属于生产管理范畴的是（ ）。

A.生产计划   B.质量管理

C.人力资源管理   D.库存管理

26.在生产管理中，（ ）是降低生产成本的有效方法。

A.提高产品质量   B.增加生产工人数量

C.引入自动化生产线   D.提高销售价格

27.在营运管理中，（ ）是制定销售策略的基础。

A.市场需求分析   B.生产成本分析

C.财务报表分析   D.战略规划

28.（ ）是营运管理中的一个重要环节。

A.财务报表分析   B.战略规划

C.成本控制   D.市场营销

29.在生产管理中，（ ）是优化生产流程的关键。

A.提高产品质量   B.增加生产工人数量

C.消除浪费   D.提高销售价格

30.在营运管理中，（ ）是制定库存策略时需要考虑的因素。

A.市场需求　　　　　　　　　　B.生产成本

C.销售渠道　　　　　　　　　　D.以上都是（但更侧重于市场需求）

二、多项选择题

1.本量利分析主要应用于（　　）。

A.成本控制　　　　　B.利润预测　　　　　　C.销售策略制定

D.生产计划安排　　　E.投资决策

2.影响盈亏平衡点的因素包括（　　）。

A.固定成本　　　　　B.单位售价　　　　　　C.单位变动成本

D.销售量　　　　　　E.总成本

3.（　　）是本量利分析的基本假设。

A.销售价格不变　　　　　　　　B.单位变动成本不变

C.产销平衡　　　　　　　　　　D.市场需求完全无弹性

E.总成本随产量线性增加

4.安全边际的作用包括（　　）。

A.衡量企业抗风险能力　　　　　B.反映企业利润空间的多少

C.决定企业是否需要扩大生产规模　D.评估企业销售策略的有效性

E.预测企业未来的发展趋势

5.在进行本量利分析时，需要考虑的成本包括（　　）。

A.直接材料成本　　　　　　　　B.直接人工成本

C.制造费用中的固定部分　　　　D.销售费用中的变动部分

E.管理费用中的固定部分

6.盈亏平衡点的销售量可以通过（　　）提高。

A.降低固定成本　　　B.提高单位售价　　　　C.降低单位变动成本

D.增加销售量　　　　E.提高产品质量

7.本量利分析中的贡献毛益是指（　　）。

A.销售收入减去变动成本后的余额

B.固定成本与变动成本之和

C.单位售价与单位变动成本之差乘以销售量

D.总利润与总销量之比

E.总成本中扣除固定成本后的部分

8.下列指标可以反映企业盈利能力的有（　　）。

A.盈亏平衡点销售量　B.安全边际率　　　　　C.贡献毛益率

D.销售利润率　　　　E.总资产报酬率

9.以下策略可以降低盈亏平衡点的有（　　）。

A.提高生产效率，降低单位变动成本

B.缩减产品线，减少固定成本

C.加强市场营销，提高销售价格

D.增加销售人员，提高销售量

E.优化库存管理，减少库存成本

10.本量利分析中的固定成本包括（　　　）。

A.租金

B.工资（管理人员）

C.水电费（随产量变化而变化的部分除外）

D.原材料成本

E.广告费（一次性投入）

11.下列因素可能导致盈亏平衡点发生变化的有（　　　）。

A.市场价格波动　　　　B.生产效率提高　　　　C.税收政策调整

D.原材料供应价格波动　E.新产品上市

12.本量利分析中的变动成本通常包括（　　　）。

A.直接材料成本　　　　　　　　B.直接人工成本（按工时计算）

C.销售费用中的佣金　　　　　　D.管理费用中的折旧费

E.制造费用中的维修费（随产量变化而变化的部分）

13.本量利分析的局限性包括（　　　）。

A.假设条件过多，可能不符合实际情况

B.只考虑成本和销售量，忽略其他影响因素

C.无法预测未来市场变化对企业的影响

D.只适用于制造业企业

E.无法评估企业的长期盈利能力

14.以下方法可以帮助企业降低固定成本的有（　　　）。

A.裁员或缩减部门　　　B.租赁而非购买设备

C.提高生产效率　　　　D.优化供应链管理　　　E.减少广告投入

15.在进行本量利分析时，（　　　）数据是必要的。

A.固定成本总额　　　　B.单位售价　　　　　　C.单位变动成本

D.总销售量　　　　　　E.销售利润率

16.以下策略可能帮助企业提高安全边际的有（　　　）。

A.提高销售价格　　　　　　　　B.降低固定成本

C.改进产品设计，降低成本　　　D.增加销售渠道

E.提高生产效率，降低单位变动成本

17.以下指标可以用于评估企业本量利状况的有（　　　）。

A.盈亏平衡点销售量　　B.安全边际额　　　　　C.贡献毛益总额

D.销售利润率　　　　　E.总资产周转率

18.以下因素可能导致企业盈亏平衡点上升的有（　　　）。

A.固定成本增加　　　　B.单位售价下降　　　　C.单位变动成本上升

D.销售量增加　　　　　E.产品线扩展

19.在进行本量利分析时，企业通常需要考虑的风险包括（　　　）。

A.市场风险　　　　　B.财务风险　　　　　C.操作风险

D.法律风险　　　　　E.战略风险

20.以下因素可能影响企业贡献毛益的大小的包括（　　）。

A.销售价格　　　　　B.变动成本　　　　　C.固定成本

D.销售量　　　　　　E.产品组合

三、判断题

1.本量利分析是一种用于确定企业盈亏平衡点的分析方法，它只考虑固定成本和变动成本，而不考虑销售收入。　　　　　　　　　　　　　　　　　　　　（　　）

2.在盈亏平衡分析中，安全边际是指实际销售量超过盈亏平衡点销售量的部分。
　　　　　　　　　　　　　　　　　　　　　　　　　　　　　　　　　　　　（　　）

3.贡献毛益是指销售收入减去变动成本后的余额，它反映了企业每销售一个单位产品所获得的利润。　　　　　　　　　　　　　　　　　　　　　　　　　　（　　）

4.固定成本是指在一定时期内，不随产量变化而变化的成本。　　　　　　（　　）

5.变动成本是指随产量变化而线性变化的成本，它通常包括直接材料成本和直接人工成本。　　　　　　　　　　　　　　　　　　　　　　　　　　　　　　（　　）

6.盈亏平衡点销售量越大，企业的抗风险能力越强。　　　　　　　　　　（　　）

7.本量利分析只适用于制造业企业，不适用于服务业企业。　　　　　　　（　　）

8.在进行本量利分析时，企业不需要考虑市场需求和竞争状况。　　　　　（　　）

9.降低固定成本或提高销售价格都可以降低盈亏平衡点。　　　　　　　　（　　）

10.本量利分析是一种静态分析方法，它不考虑时间因素对企业成本和销售的影响。　　　　　　　　　　　　　　　　　　　　　　　　　　　　　　　　　（　　）

企业实操案例分析

2023年12月，北京华强储运服务有限公司在厦门某区成立运输中心，公司下设运输服务部和收派服务部，拥有集卡运输车辆6辆，散货车辆15辆，2个分拣集散中心，1个货物中转中心。收派服务部每月最大收派能力为41 000件。

根据2024年预算，该运输中心1月份收派量约为35 000件，每件平均单价12元，单位变动成本5.7元，固定成本33 000元，当月目标利润187 500元。为了实现预算目标利润，收派服务部经理经过考察和调研，结合部门实际营运情况，提出以下4种调价方案：

方案1：将平均单价调低为11.5元，预计每月收派量可达到38 600件。

方案2：将平均单价调低为11元，预计每月收派量可达到41 000件。

方案3：将平均单价调低为10.5元，预计每月收派量可达到49 000件，但需每月追加固定成本14 000元。

方案4：将平均单价调高为12.5元，预计每月收派量可达到32 000件，剩余派送能力将无法转移。

请根据资料，完成以下问题：

问题1：采用利润无差别点法，计算各方案利润无差别点收派量，并选择可行方案（见表4-7）。（计算结果四舍五入保留整数）

表4-7　　　　　　　　　　　　各方案利润无差别点收派量

项目	收派量（件）
方案1	
方案2	
方案3	
方案4	

企业实操案例

分析

问题2：计算满足条件的方案的利润，确定最终方案。（计算结果四舍五入保留两位小数）

注：详细分析过程请扫描二维码观看企业导师实操处理。

项目五

绩效管理

学习目标

[知识目标]

◇ 理解绩效管理的含义、原则及意义；

◇ 认知关键绩效指标法和经济增加值法的概念、应用场景及优缺点；

◇ 熟知平衡计分卡的优缺点及基本框架。

[技能目标]

◇ 遵循绩效管理的程序；

◇ 识别关键绩效指标；

◇ 依据财务指标计算经济增加值；

◇ 应用平衡计分卡对企业进行绩效管理。

[素养目标]

◇ 具备以目标为导向，遵守规则、实事求是和精益求精的职业素养；

◇ 感知科学规划、高效执行和公平考核对于企业管理的重要性；

◇ 树立正确的绩效观念，遇到困难和问题能够正确归因，理解成功与付出之间的关系。

学习建议

绩效管理是指企业与所属单位、部门、员工之间就绩效目标及如何实现绩效目标达成共识，并帮助和激励员工取得优异绩效，从而实现企业目标的管理过程，其目的不仅在于完成企业目标，还为了改善企业整体运营、科学安排员工培训、构建积极的企业文化，以及为下一期绩效目标的实现做准备。在学习过程中，建议重点理解各绩效管理方法的含义、应用框架和优缺点，并能根据企业战略设计基本的绩效管理体系。

■ 思维导图

```
绩效管理 ──┬── 绩效管理概述 ──┬── 认知绩效管理
          │                 ├── 绩效管理的原则
          │                 ├── 绩效管理的应用环境
          │                 └── 绩效管理工具方法的一般程序
          │
          ├── 绩效管理的一般方法 ──┬── 关键绩效指标法
          │                      └── 经济增加值法
          │
          └── 平衡计分卡 ──┬── 认知平衡计分卡
                          ├── 平衡计分卡的内容
                          ├── 平衡计分卡的应用环境
                          ├── 平衡计分卡的应用程序
                          └── 平衡计分卡的评价
```

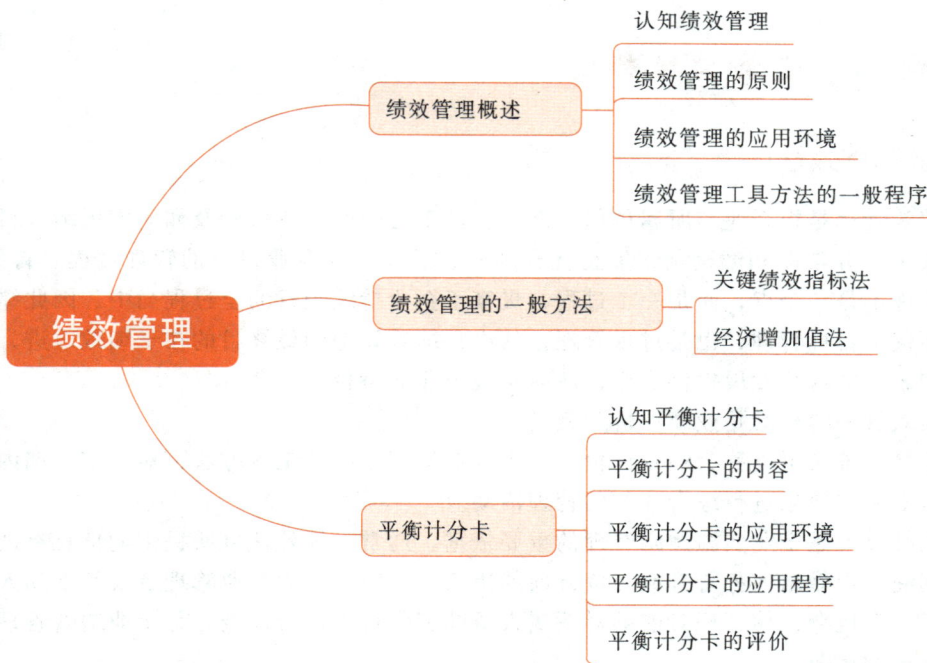

■ 企业实际工作实操导入

北京飞翔航空股份有限公司（简称飞翔航空）是国内多家民营企业投资成立的、以北京为基地的小型新型民营航空公司，于2020年8月经中国民用航空局和北京市政府批准筹建。飞翔航空聚焦国内热点城市航空需要，并在保障安全的前提下，飞翔航空注重运行准点与服务品质，尊重旅客的选择权，为旅客提供多种实惠的出行产品，让旅客感受到"最省最方便的飞行服务"。

飞翔航空总部设在北京，在上海、西安、昆明、深圳、哈尔滨等多地设有营业部。近年来，公司利用大数据工具，统计分析城市热度，并提前布局潜在热点城市，努力打造"实惠、正点、快速、便捷"的小型航空公司。

新冠肺炎疫情对民航业造成了巨大冲击，据统计，2020年亏损536亿元，2021年亏损430亿元，2022年亏损1 189亿元，三年亏损超2 000亿元。

疫情虽然结束，但三年疫情已深刻改变了世界地缘政治格局和人们的出行习惯与消费观念，飞翔航空虽然通过对高客座率、高执行率等国内地区航线制定定向优惠政策，与各地文旅局合作，积极开拓新航线，仍旧不能完全改变航线网络基础薄弱、现金流紧张、风险承受能力弱的根本局面，面对日益严峻的生存考验，公司需要采取哪些应对措施呢？

为解决目前面临的种种问题，飞翔航空引入平衡积分卡进行企业绩效评价。平衡计分卡绩效评价体系跳出了传统以财务量度为主的绩效评价模式，从财务、客户、内部流程和学习与成长四个维度综合衡量企业的绩效，从而实现战略与战术、财务与非财务指标、内部人员与外部人员，以及短期利益实现与可持续发展之间的平衡。

任务一　绩效管理概述

一、认知绩效管理

绩效管理是指企业与所属单位、部门、员工之间就绩效目标及如何实现绩效目标达成共识，并帮助和激励员工取得优异绩效，从而实现企业目标的管理过程。首先，绩效管理不是一个点，而是一个过程，贯穿于企业持续经营的全过程当中，因此绩效管理不仅是目标管理，也是过程管理；其次，绩效管理的最终目的在于绩效改进，为员工和企业的持续发展提供支撑，从而实现企业战略目标。

绩效管理的核心是业绩评价和激励管理。

业绩评价又可以称为绩效评价，是指企业运用系统的工具方法，对一定时期内企业营运效率与效果进行综合评判的管理活动。

业绩评价是企业实施激励管理的重要依据。通常，绩效评价所提供的信息有助于企业判断应当做出何种晋升或工资方面的决策。同时，它为企业管理者及其下属人员提供了一个机会，使管理者能够对下属人员的工作行为进行审查，是企业绩效管理中一个重要的环节。

激励管理是指企业运用系统的工具方法，调动企业员工的积极性、主动性和创造性，激发企业员工工作动力的管理活动。

激励管理是促进企业业绩提升的重要手段。对表现优异的员工给予一定奖励，比如发放奖金或者非货币性奖励、给予带薪休假等，而对表现不尽如人意的员工，适当给予一定的处罚，敦促其提高工作积极性和业务水平。

绩效管理是对企业和员工的行为与结果进行管理的一个系统，是使每个员工的个人目标与企业战略相结合以提高企业绩效的一系列过程。

微课 5-1

识读绩效管理的原则及应用环境

微课 5-2

打开绩效管理之门

二、绩效管理的原则

企业进行绩效管理，一般应遵循以下原则：

（1）战略导向原则。绩效管理应为企业实现战略目标服务，支持价值创造能力提升。

（2）客观公正原则。绩效管理应实事求是，评价过程应客观公正，激励实施应公平合理。

（3）规范统一原则。绩效管理的政策和制度应统一明确，并严格执行规定的程序和流程。

（4）科学有效原则。绩效管理应做到目标符合实际，方法科学有效，激励与约束并重，操作简便易行。

三、绩效管理的应用环境

企业实施绩效管理，应该具备以下的基础性条件：

（1）企业应设立薪酬与考核委员会或类似机构。该机构负责审核绩效管理的政策和制度、业绩计划与激励计划、绩效评价结果与激励实施方案、绩效评价与激励管理报告等，协调解决绩效管理工作中的重大问题。

（2）企业应在薪酬与考核委员会或类似机构下设绩效管理工作机构。该机构主要负责制定绩效管理的政策和制度、业绩计划与激励计划，组织业绩计划与激励计划的执行与实施，编制绩效评价与激励管理报告等，协调解决绩效管理工作中的日常问题。

（3）企业应建立健全绩效管理的制度体系，明确绩效管理的工作目标、职责分工、工作程序、工具方法、信息报告等内容。

（4）企业应建立有助于绩效管理实施的信息系统，为绩效管理工作提供信息支持。

四、绩效管理工具方法的一般程序

绩效管理工具方法的应用程序主要包括四个步骤：制订业绩计划与激励计划、执行业绩计划与激励计划、实施业绩评价与激励、编制业绩评价与激励管理报告。

（一）制订业绩计划与激励计划

企业应根据战略规划，结合内外部环境，编制各层级的业绩计划与激励计划。

1.制订业绩计划

业绩计划是业绩评价的行动方案，包括构建指标体系、分配指标权重、确定目标值、选择计分方法和评价周期、签订业绩合同等。

构建指标体系：可采用关键绩效指标法、经济增加值法、平衡计分卡等工具，确保指标反映企业战略，且明确、可度量。

分配指标权重：可通过主观赋权法（如德尔菲法）或客观赋权法（如主成分分析法）确定权重。

确定目标值：参考内部标准（如预算、历史数据）和外部标准（如行业标准）。

选择计分方法和评价周期：计分方法包括定量法（如功效系数法）和定性法（如素质法）。评价周期可为月度、季度、半年度、年度或任期。

签订业绩合同：明确业绩指标、目标值、权重、计分方法等，按年度或任期签订。

2.制订激励计划

激励计划包括激励对象、形式、条件和周期，可分为薪酬激励计划、能力开发激励计划、职业发展激励计划和其他激励计划等。

薪酬激励计划：包括短期（如业绩奖金）和中长期（如股票期权）激励。

能力开发激励计划：提升员工知识和技能。

职业发展激励计划：规划员工职业发展。

其他激励计划：如晋升、表扬等。

激励计划应以业绩计划为基础，兼顾短期与长期、个人与团队、正向与负向激励，经薪酬与考核委员会审核后报董事会审批。

（二）执行业绩计划与激励计划

审批后的计划应以正式文件下达，确保相关人员了解内容。执行过程中，企业应建立监督机制，及时记录、分析差异并优化流程。

（1）监控与记录：通过信息系统监控指标完成情况、员工表现等，采用观察法、工作记录法等收集信息。

（2）分析与纠偏：分析指标偏差，提出整改建议并改进。

（3）编制分析报告：反映计划执行情况，可按月度、季度或年度编制。

绩效管理机构应通过会议、培训等方式持续沟通，确保计划有效执行。

（三）实施业绩评价与激励

绩效管理机构应根据计划执行情况定期评价，并对被评价对象的业绩进行系统、全面、公正、客观的评价，根据结果实施激励。

（1）评价过程：收集业绩指标实际值，对照目标值，计算评价分值，形成综合评价结果。

（2）结果发布：评价结果应记录并确认，可通过业绩发布会、企业网站等方式公开发布，或通过书面、邮件等方式保密发布。

（3）业绩反馈：向被评价对象反馈评价结果、差距分析及改进建议，形式包括反馈报告、面谈等。

（4）激励兑现：根据评价结果，综合运用薪酬、股权、晋升、培训等方式兑现激励承诺。

（四）编制业绩评价与激励管理报告

绩效管理机构应定期编制业绩评价与激励管理报告，反映评价和激励结果，确保内容真实、数据可靠、分析客观。

（1）业绩评价报告：反映业绩计划完成情况，包括评价情况说明（如评价对象、依据、结果）和管理建议，附件可包括计分表、问卷调查等。

（2）激励管理报告：反映激励计划实施情况，包括激励情况说明（如激励对象、措施、结果）和管理建议，附件可提供支持性文档。

报告可分为定期报告（如年度报告）和不定期报告（如特殊事项报告），经薪酬与考核委员会审核后报董事会审批。企业应定期回顾和评估绩效管理效果，优化未来计划。

绩效管理是一个动态循环过程：

计划：定目标、分任务、签合同。

执行：盯进度、抓问题、勤沟通。

评价：算分数、给反馈、发奖励。

改进：写报告、调策略、再优化。

通过以上步骤，企业能将战略转化为行动，激发员工潜力，最终实现业绩增长与长期发展。

【互动思考】你有没有了解的企业在绩效管理方面做得比较好？具体有哪些好的做法？

任务二　绩效管理的一般方法

绩效管理的一般方法主要有关键绩效指标法、经济增加值法、平衡计分卡、360度绩效评价、股权激励等。这些方法各有特点，适用于不同的组织和情境。企业可根据自身战略目标、业务特点和管理需要，选择合适的方法或综合使用多种方法，对于提高员工工作热情、改善公司绩效具有重要作用。

一、关键绩效指标法

1.认知关键绩效指标法

关键绩效指标法，是指基于企业战略目标，通过建立关键绩效指标（Key Performance Indicator，KPI）体系，将价值创造活动与战略规划目标有效联系，并据此进行绩效管理的方法。

关键绩效指标法是指对于企业绩效产生关键影响力的指标，通过对企业战略目标、关键成果领域的绩效特征分析，识别和提炼出最能有效驱动企业价值创造的指标。

关键绩效指标法符合一个重要的管理原理——"二八原理"，该原理由意大利经济学家维尔弗雷多·帕累托提出，即在一个企业的价值创造过程中，20%的骨干人员创造企业80%的价值；在每一位员工身上"二八原理"同样适用，即80%的工作任务是由20%的关键行为完成的。因此，必须抓住20%的关键行为，对其进行分析和衡量，这样就能抓住业绩评价的重心。

企业绩效指标的设置必须与企业战略挂钩，企业应当只评价与其战略目标实现关系最密切的少数关键绩效指标。关键绩效指标法是一种能将战略目标分解为可运作的远景目标和量化标准的有效工具。另外，这种方法从企业的战略目标出发，通过分析企业的价值链，确定企业关键成果领域和关键绩效指标，并层层分解，直至形成企业—部门—岗位三级关键绩效指标体系。

【小贴士5-1】绩效管理的方法有很多，企业在进行绩效管理时，可以单独使用关键绩效指标法，也可与经济增加值法、平衡计分卡等其他方法结合使用。关键绩效指标法的应用对象可以是企业，也可以是所属单位（部门），甚至是某个员工。

2.关键绩效指标法的应用环境

企业应用关键绩效指标法，应综合考虑绩效评价期间宏观经济政策、外部市场环境、内部管理需要等因素，构建指标体系。企业应有明确的战略目标，战略目标是确定关键绩效指标体系的基础，关键绩效指标反映战略目标，对战略目标实施效果进行衡量和监控。企业应清晰识别价值创造模式，按照价值创造路径识别出关键驱动因素，科学地选择和设置关键绩效指标。

微课5-3

绩效指标法二八原理在绩效管理中的应用

3.关键绩效指标法的应用程序

企业应用关键绩效指标法一般分为以下步骤：

（1）制订业绩计划：明确KPI体系、分配权重、设定目标值、选择评价方法及周期，并拟定绩效责任书。

（2）制订激励计划：设计配套的奖惩机制，激发员工积极性。

（3）执行业绩计划与激励计划：按计划推进绩效与激励措施。

（4）实施绩效评价与激励：定期评估结果，落实奖惩。

（5）编制绩效评价与激励管理报告：总结执行情况，为后续优化提供依据。

企业构建关键绩效指标体系，一般按照以下程序进行：

（1）企业级KPI：根据战略目标和价值创造模式（如市场环境、资源能力），设定高层级指标（如营收增长率、市场份额）。

（2）部门级KPI：将企业级指标分解到各部门，结合其核心业务流程（如生产、销售）设定具体目标（如生产成本控制率、客户转化率）。

（3）岗位级KPI：根据部门目标，细化到员工职责（如销售员的成交单数、客服的响应速度）。

4.关键绩效指标的选取

（1）关键绩效指标类型

结果类指标：直接反映最终成果，如投资回报率、净资产收益率、经济增加值、息税前利润、自由现金流等综合指标，通常与财务挂钩。

动因类指标：驱动结果的"过程指标"，如生产效率、员工满意度、研发投入。

关键绩效指标应含义明确、可度量、与战略目标高度相关。指标的数量不宜过多，每一层级的关键绩效指标一般不超过10个。

（2）选取方法

关键成果分析法：找到影响企业价值的核心领域（如产品创新），再提炼关键指标。

组织分解法：按部门职责分解目标（如财务部负责成本控制）。

流程分解法：从业务流程中识别关键环节（如供应链周转率），设定对应指标。

（3）权重分配

权重体现重要性，单项指标通常占5%~30%；核心指标（如利润目标）可设"一票否决"，未完成则整体绩效不达标。

（4）目标值设定

参考依据：行业标准或者竞争对手标准、企业内部标准、企业历史经验值等。

灵活调整：若遇重大变化（如政策调整、自然灾害），可申请调整目标值，须经薪酬与考核委员会或类似机构审批。

5.注意事项

（1）避免复杂化：指标过多会分散重点，优先选择易衡量、数据可获取的指标。

（2）上下对齐：确保企业、部门、岗位的KPI层层关联，形成"目标链条"。

（3）动态优化：定期复盘，剔除无效指标，根据战略变化调整体系。

关键绩效指标法的核心是通过"目标分解"和"过程监控"，将企业战略转化为可执行的行动。企业需结合自身特点，选择简单有效的指标，并通过合理激励确保落地，最终实现战略目标。

6.关键绩效指标的评价

优点：一是使企业业绩评价与战略目标密切相关，有利于战略目标的实现；二是通过识别的价值创造模式把握关键价值驱动因素，能够更有效地实现企业价值增值目标；三是评价指标数量相对较少，易于理解和使用，实施成本相对较低，有利于推广实施。

缺点：关键绩效指标的选取需要透彻理解企业价值创造模式和战略目标，有效识别核心业务流程和关键价值驱动因素，指标体系设计不当将导致错误的价值导向或管理缺失。

【案例5-1】飞翔航空的实习生小李想尝试通过关键绩效指标法对企业初步进行绩效管理，在指标选取上遇到了困难，你能帮他判断资本性支出、经济增加值、投资资本回报、净资产收益率中属于动因类指标的是哪一个吗？

分析：资本性支出是反映企业价值关键驱动因素的指标，因此属于动因类指标，而经济增加值、投资资本回报和净资产收益率是反映企业绩效的价值指标，属于结果类指标。

【互动思考】关键绩效指标法下，每一项指标所占的权重是相同的吗？如果不相同，那么每一项指标权重的确定又应该以什么为依据呢？

二、经济增加值法

经济增加值法最初由美国思腾思特咨询公司（Stern Stewart & Co.）提出。那时企业已经意识到，传统的财务报表中计算出来的净利润、每股收益、净资产收益率等衡量企业业绩的指标，因受财务报表弹性及股票市场波动等因素的影响，已经不能很好地评价和激励经营者，无法按照股东价值最大化来做出经营决策，经济增加值法应运而生。它追求的是股东利益的最大化，在企业的业绩评价、激励机制、文化构建等方面能发挥重要的作用。如今，许多世界著名的大公司都采用了此种绩效管理方法。

微课5-4

经济增加值：股东定义的利润在绩效管理中的应用

1.认知经济增加值法

经济增加值法，是指以经济增加值（Economic Value Added，EVA）为核心，建立绩效指标体系，引导企业注重价值创造，并据此进行绩效管理的方法。

经济增加值是税后净营业利润扣除全部投入资本的成本后的剩余收益。经济增加值及其改善值是全面评价经营者有效使用资本和为企业创造价值的重要指标。

经济增加值为正，表明经营者在为企业创造价值；经济增加值为负，表明经营者在损毁企业价值；经济增加值为0，表明企业获得的利润正好满足债权人和股东的预期，股东的权益和公司的价值没有实质性增加。

【小贴士5-2】①经济增加值法较少单独应用，一般与关键绩效指标法、平衡计分卡等其他方法结合使用。②企业应用经济增加值法进行绩效管理的对象，可为企业及其所属单位（部门）（可单独计算经济增加值）和高级管理人员。

2.经济增加值法的应用环境

企业应用经济增加值法，除了遵循绩效管理对应用环境的一般要求外，还应树立价值管理理念，明确以价值创造为中心的战略目标，建立以经济增加值为核心的价值管理体系，使价值管理成为企业的核心管理制度；应综合考虑宏观环境、行业特点和企业的实际情况，通过价值创造模式的识别，确定关键价值驱动因素，构建以经济增加值为核心的指标体系；应建立清晰的资本资产管理责任体系，确定不同被评价对象的资本资产管理责任；应建立健全会计核算体系，确保会计数据真实可靠、内容完整，并及时获取与经济增加值计算相关的会计数据；应加强融资管理，关注筹资来源与渠道，及时获取债务资本成本、股权资本成本等相关信息，合理确定资本成本；应加强投资管理，把能否增加价值作为新增投资项目决策的主要评判标准，以保持持续的价值创造能力。

3.经济增加值法的应用程序

企业应用经济增加值法，一般按照制定以经济增加值指标为核心的业绩计划、制订激励计划、执行业绩计划与激励计划、实施绩效评价与激励、编制绩效评价与激励管理报告等程序进行。

业绩计划是企业开展业绩评价工作的行动方案，包括构建指标体系、分配指标权重、确定绩效目标值、选择计分方法和评价周期、拟定绩效责任书等。

构建经济增加值指标体系，一般按照以下程序进行：

（1）制定企业级经济增加值指标体系。首先应结合行业竞争优势、组织结构、业务特点、会计政策等情况，确定企业级经济增加值指标的计算公式、调整项目、资本成本等，并围绕经济增加值的关键驱动因素，制定企业的经济增加值指标体系。

（2）制定所属单位（部门）级经济增加值指标体系。根据企业级经济增加值指标体系，结合所属单位（部门）所处行业、业务特点、资产规模等因素，在充分沟通的基础上，设定所属单位（部门）级经济增加值指标的计算公式、调整项目、资本成本等，并围绕所属单位（部门）经济增加值的关键驱动因素，细化制定所属单位（部门）的经济增加值指标体系。

（3）制定高级管理人员的经济增加值指标体系。根据企业级、所属单位（部门）级经济增加值指标体系，结合高级管理人员的岗位职责，制定高级管理人员的经济增加值指标体系。

4.经济增加值的计算

经济增加值的计算公式为：

经济增加值=税后净营业利润-平均资本占用×加权平均资本成本

【案例5-2】飞翔航空下属运营部想优化本部门的绩效管理，采用经济增加值作为部门内部的业绩评价指标。已知该部门平均资本占用为60 000元，部门税前经营利润为12 000元，该部门适用的所得税税率为25%，加权平均税后资本成本为10%，你是否可以帮助计算该部门的经济增加值呢？

分析：该部门的税后净营业利润为9 000元（12 000×（1-25%）），平均资本占用为 60 000 元，加权平均资本成本为 10%，因此经济增加值为 3 000 元。该部门可结合部门发展战略，根据经济增加值做出下一步的工作计划。

【互动思考】你能区分经济增加值和净利润吗？欢迎你进一步思考，进入在线课平台，与编者进一步互动。

（1）税后净营业利润衡量的是企业的经营盈利情况，等于会计上的税后净利润加上利息支出等会计调整项目后得到的税后利润。

计算经济增加值时，需要进行相应的会计项目调整，以剔除财务报表中不能准确反映企业价值创造的部分。会计调整项目的选择应遵循价值导向性、重要性、可控性、可操作性与行业可比性等原则，根据企业实际情况确定。常用的调整项目有：

①研究开发费、大型广告费等一次性支出但收益期较长的费用，应予以资本化处理，不计入当期费用。

②反映付息债务成本的利息支出，不作为期间费用扣除，计算税后净营业利润时扣除所得税影响后予以加回。

③营业外收入、营业外支出具有偶发性，将当期发生的营业外收支从税后净营业利润中扣除。

④将当期减值损失扣除所得税影响后予以加回，并在计算资本占用时相应调整资产减值准备发生额。

⑤递延税金不反映实际支付的税款情况，将递延所得税资产及递延所得税负债变动影响的企业所得税从税后净营业利润中扣除，相应调整资本占用。

⑥其他非经常性损益调整项目，如股权转让收益等。

（2）平均资本占用反映的是企业持续投入的各种债务资本和股权资本。平均资本占用是所有投资者投入企业经营的全部资本，包括债务资本和股权资本。其中，债务资本包括融资活动产生的各类有息负债，不包括经营活动产生的无息流动负债。股权资本中包含少数股东权益。

资本占用除根据经济业务实质相应调整资产减值损失、递延所得税等外，还可根据管理需要调整研发支出、在建工程等项目，引导企业注重长期价值创造。

（3）加权平均资本成本反映的是企业各种资本的平均成本率。加权平均资本成本是债务资本成本和股权资本成本的加权平均，反映了投资者所要求的必要报酬率。加权平均资本成本的计算公式如下：

$$\text{加权平均资本成本} = \text{税前债务资本成本} \times \text{债务额占总资本比重} \times (1 - \text{所得税税率}) + \text{股本资本成本} \times \text{股本资本占总资本比重}$$

5.经济增加值法的评价

优点：考虑了所有资本的成本，更真实地反映了企业的价值创造能力；实现了企业利益、经营者利益和员工利益的统一，激励经营者和所有员工为企业创造更多价值；能有效遏制企业盲目扩张规模以追求利润总量和增长率的倾向，引导企业注重长期价值创造。

缺点：一是仅对企业当期或未来 1～3 年价值创造情况进行衡量和预判，无法衡量企业长远发展战略的价值创造情况；二是计算主要基于财务指标，无法对企业的营运效率与效果进行综合评价；三是不同行业、不同发展阶段、不同规模等的企业，其会计调整项和加权平均资本成本各不相同，计算比较复杂，影响指标的可比性。

任务三　平衡计分卡

平衡计分卡是由美国学者罗伯特·卡普兰和戴维·诺顿于20世纪90年代提出的一种绩效管理工具。它将企业战略目标逐层分解转化为各种具体的相互平衡的绩效考核指标体系，并对这些指标的实现状况进行不同时段的考核，从而为企业战略目标的完成建立起可靠的执行基础。

平衡计分卡从财务、客户、内部流程、学习与成长四个维度出发，财务维度关注企业的财务绩效，客户维度聚焦于客户的满意度和忠诚度，内部流程维度着重于企业内部运营流程的优化，学习与成长维度关注员工能力的提升和组织的创新能力。通过这四个维度的平衡考量，平衡计分卡能够全面、系统地评估企业的经营绩效，避免了单纯依赖财务指标的局限性，有助于企业实现长期战略目标与短期经营绩效的平衡，以及内部管理与外部市场的协调发展。

微课5-5

认识平衡计分卡

一、认知平衡计分卡

微课5-6

平衡计分卡（Balanced Score Card，BSC）是为了克服财务指标滞后性和短期性的缺点，基于企业战略，在财务维度的基础上，增加了客户、内部流程、学习与成长三个维度，将战略目标逐层分解转化为具体的、相互平衡的绩效指标体系，并据此进行绩效管理的方法。

应用平衡计分卡

【小贴士5-3】企业通常将平衡计分卡与战略地图等其他工具结合使用；平衡计分卡适用于战略目标明确、管理制度比较完善、管理水平相对较高的企业；平衡计分卡的应用对象可以是企业，也可以是所属单位（部门）和员工。

二、平衡计分卡的内容

平衡计分卡中的目标和评估指标来源于组织战略，它把组织的使命和战略转化为有形的目标和衡量指标。平衡计分卡的财务、客户、内部流程、学习与成长四个角度分别代表企业三个主要的利益相关者：股东、客户、员工。每个角度的重要性取决于角度的本身和指标的选择是否与公司战略相一致。其中每一个方面都有其核心内容：

（一）财务层面

财务层面主要关注企业的财务绩效，包括盈利能力、偿债能力、资产运营能力等。常见指标有净利润、资产回报率、现金流等。这些指标反映了企业在一定时期内的经营成果和财务状况，是企业股东和投资者最为关注的方面。通过对财务指标的监控和分析，企业可以评估战略实施对财务业绩的影响，判断企业是否实现了价值增值，以及是否具备可持续发展的财务能力。

（二）客户层面

客户层面聚焦于客户的满意度和忠诚度。企业需要明确目标客户群体，了解他们的需求和期望，通过提供优质的产品和服务来满足客户。相关指标包括客户满意度、客户投诉率、市场份额等。客户是企业生存和发展的基础，只有赢得客户的信任和支持，企业才能在市场竞争中立足，实现长期稳定的发展。

（三）内部流程层面

内部流程层面着重于企业内部运营流程的优化。涵盖生产流程、研发流程、销售流程等各个业务环节。企业需要识别关键流程，并通过改进流程提高效率、降低成本、提升质量。例如，生产周期、产品合格率、研发投入回报率等指标可以帮助企业评估内部流程的绩效。优化内部流程能够提高企业的运营效率和竞争力，为客户提供更好的产品和服务，同时也有助于实现财务目标。

（四）学习与成长层面

学习与成长层面关注员工能力的提升和组织的创新能力，包括员工培训、员工满意度、信息系统建设等方面。员工是企业最重要的资产，他们的知识、技能和积极性直接影响企业的绩效。通过不断学习和成长，员工能够更好地适应市场变化和企业发展的需求。同时，良好的组织文化和信息系统也有助于促进知识共享和创新，为企业的长期发展提供动力。

【小贴士5-4】平衡计分卡的特点

1.外部衡量和内部衡量之间的平衡

外部——客户和股东

内部——流程和员工

2.所要求的成果和成果的执行动因之间的平衡

成果——利润、市场占有率

动因——新产品开发投资、员工培训等

3.定量衡量和定性衡量之间的平衡

定量——利润、员工流失率

定性——客户满意度、时效性

4.短期目标和长期目标之间的平衡

短期——利润

长期——客户满意度、员工培训成本和次数

三、平衡计分卡的应用环境

企业应用平衡计分卡工具方法，除了遵循绩效管理对应用环境的一般要求外，还应有明确的愿景和战略；应以战略目标为核心，全面描述、衡量和管理战略目标，将战略目标转化为可操作的行动；平衡计分卡可能涉及组织和流程变革，具有创新精神、变革精神的企业文化有助于成功实施平衡计分卡；应对组织结构和职能进行梳理，消除不同组织职能间的壁垒，实现良好的组织协同，既包括企业内部各级单位

（部门）之间的横向与纵向协同，也包括与投资者、客户、供应商等外部利益相关者之间的协同；应注重员工学习与成长能力的提升，以更好地实现平衡计分卡的财务、客户、内部流程目标，使战略目标贯彻到每一名员工的日常工作中。平衡计分卡的实施是一项复杂的系统工程，企业一般需要建立由战略管理、人力资源管理、财务管理和外部专家等组成的团队，为平衡计分卡的实施提供机制保障；应建立高效集成的信息系统，实现绩效管理与预算管理、财务管理、生产经营等系统的紧密结合，为平衡计分卡的实施提供信息支持。

四、平衡计分卡的应用程序

企业应用平衡计分卡工具方法，一般按照制定战略地图，制订以平衡计分卡为核心的业绩计划和激励计划，制定战略性行动方案，执行业绩计划与激励计划，实施绩效评价与激励，编制绩效评价与激励管理报告等程序进行。

（一）制定战略地图

制定战略地图即基于企业愿景与战略，将战略目标及其因果关系、价值创造路径以图示的形式直观、明确、清晰地呈现。

战略地图基于战略主题构建，战略主题反映企业价值创造的关键业务流程，每个战略主题包括相互关联的 1~2 个目标。

（二）制订以平衡计分卡为核心的业绩计划和激励计划

业绩计划是企业开展绩效评价工作的行动方案，包括构建指标体系、分配指标权重、确定绩效目标值、选择计分方法和评价周期、签订绩效责任书等一系列管理活动。制订业绩计划通常从企业级开始，层层分解到所属单位（部门），最终落实到具体岗位和员工。

平衡计分卡指标体系的构建应围绕战略地图，针对财务、客户、内部流程和学习与成长四个维度的战略目标，确定相应的评价指标。

构建平衡计分卡指标体系的一般程序：

（1）制定企业级指标体系。根据企业层面的战略地图，为每个战略主题的目标设定指标，每个目标至少应有 1 个指标。

（2）制定所属单位（部门）级指标体系。依据企业级战略地图和指标体系，制定所属单位（部门）的战略地图，确定相应的指标体系，使各所属单位（部门）的行动与战略目标保持一致。

（3）制定岗位（员工）级指标体系。根据企业、所属单位（部门）级指标体系，按照岗位职责逐级形成岗位（员工）级指标体系。

构建平衡计分卡指标体系时：

（1）应注重短期目标与长期目标的平衡、财务指标与非财务指标的平衡、结果性指标与动因性指标的平衡、企业内部利益与外部利益的平衡。平衡计分卡每个维度的指标通常为 4~7 个，总数量一般不超过 25 个。

（2）企业应以财务维度为核心，其他维度的指标都与核心维度的一个或多个指标相联系。通过梳理核心维度目标的实现过程，确定每个维度的关键驱动因素，结合战略主题，选取关键绩效指标。

财务维度以财务术语描述了战略目标的有形成果。企业常用指标有投资资本回报率、净资产收益率、经济增加值、息税前利润、自由现金流、资产负债率、总资产周转率等。

客户维度界定了目标客户的价值主张。企业常用指标有市场份额、客户满意度、客户获得率、客户保持率、客户获利率、客户数量等。

内部流程维度确定了对战略目标产生影响的关键流程。企业常用指标有交货及时率、生产负荷率、产品合格率、存货周转率、单位生产成本等。

学习与成长维度确定了对战略最重要的无形资产。企业常用指标有员工保持率、员工生产率、培训计划完成率、员工满意度等。

企业可根据实际情况建立通用类指标库，不同层级单位和部门结合不同的战略定位、业务特点选择适合的指标体系。

平衡计分卡指标的权重分配应以战略目标为导向，反映被评价对象对企业战略目标贡献或支持的程度，以及各指标之间的重要性水平。企业绩效指标权重一般设定在5%～30%之间，对特别重要的指标可适当提高权重。对特别关键、影响企业整体价值的指标可设立"一票否决"制度，即如果某项绩效指标未完成，无论其他指标是否完成，均视为未完成绩效目标。

平衡计分卡绩效目标值应根据战略地图的因果关系分别设置。首先确定战略主题的目标值，其次确定主题内的目标值，然后基于平衡计分卡评价指标与战略目标的对应关系，为每个评价指标设定目标值，通常设计3～5年的目标值。

平衡计分卡绩效目标值确定后，应规定因内外部环境发生重大变化、自然灾害等不可抗力因素对绩效完成结果产生重大影响时，对目标值进行调整的办法和程序。一般情况下，由被评价对象或评价主体测算确定影响程度，向相应的绩效管理工作机构提出调整申请，报薪酬与考核委员会或类似机构审批。

绩效评价计分方法和周期的选择、绩效责任书的签订、激励计划的制订，应参照绩效管理总体要求。

（三）制定战略性行动方案

业绩计划与激励计划制订后，企业应在战略主题的基础上，制定战略性行动方案，实现短期行动计划与长期战略目标的协同。战略性行动方案的制定主要包括以下内容：

（1）选择战略性行动方案。制定每个战略主题的多个行动方案，并从中区分、排序和选择最优的战略性行动方案。

（2）提供战略性资金。建立战略性支出的预算，为战略性行动方案提供资金支持。

（3）建立责任制。明确战略性行动方案的执行责任方，定期回顾战略性行动方案的执行进程和效果。

（四）执行业绩计划与激励计划

业绩计划与激励计划执行过程中：

（1）企业应按照纵向一致、横向协调的原则，持续地推进组织协同，将协同作为一个重要的流程进行管理，使企业和员工的目标、职责与行动保持一致，产生协同效应。

（2）企业应持续深入地开展流程管理，及时识别存在问题的关键流程，根据需要对流程进行优化完善，必要时进行流程再造，使流程改进计划与战略目标相协同。

（五）实施绩效评价与激励、编制绩效评价与激励管理报告

业绩计划与激励计划的执行、实施及编制报告参照绩效管理总体要求。

平衡计分卡的实施是一项长期的管理改善工作，在实践中通常采用先试点后推广的方式，循序渐进，分步实施。

五、平衡计分卡的评价

优点：一是战略目标逐层分解并转化为被评价对象的绩效指标和行动方案，使整个组织行动协调一致；二是从财务、客户、内部流程、学习与成长四个维度确定绩效指标，使绩效评价更为全面完整；三是将学习与成长作为一个维度，注重员工的发展要求和组织资本、信息资本等无形资产的开发利用，有利于增强企业可持续发展的动力。

缺点：一是专业技术要求高，工作量比较大，操作难度也较大，需要持续地沟通和反馈，实施比较复杂，实施成本高；二是各指标权重在不同层级及各层级不同指标之间的分配比较困难，且部分非财务指标的量化工作难以落实；三是系统性强、涉及面广，需要专业人员的指导、企业全员的参与和长期持续地修正与完善，对信息系统、管理能力有较高的要求。

【互动思考】平衡计分卡的平衡体现在哪些方面？

启智润心　　　　　　　　　　　　　　**绩效管理是一场革命**

众所周知，中国改革开放的起点是农村，主战场是城市、企业。40多年前，当安徽凤阳小岗村的十几户农民冒着可能坐牢的风险战战兢兢地在一份包产到户协议上按下手印的时候，他们没想到他们居然开创了中国农村家庭联产承包责任制的先河，成就了中国改革开放的一个里程碑。从农村到城市、到企业，特别是以深圳为代表的沿海城市和企业，开始打破计划经济下的平均主义传统，包括铁饭碗、铁工资、铁交椅，纷纷实行承包经营责任制，对员工则是实行计件工资制，由此引进了市场经济的竞争机制和激励机制。

在深化改革开放的今天，传统的以GDP为导向的经济发展模式正在转型，从"绿水青山就是金山银山"的追求绿色和谐可持续的新发展模式到"双碳"目标下关注企业环境、社会、治理绩效而非财务绩效的ESG投资理念和企业评价标准，这就是"绩效管理革命"。从中国改革开放的进程和竞争激励机制的形成角度来看，绩效管理就是一场革命，这其实是突出了绩效管理的重要性和艰巨性。因此，绩效管理具

有强烈的战略导向和组织变革功能，而各社会主体也可以更全面地观测企业在促进经济可持续发展、履行社会责任等方面的贡献。

资料来源　部分内容来源于中国人民大学教授林新奇《绩效管理的八个新思维》。

链接新质生产力　　发展新质生产力的视角下，人力资源管理工作应该如何顺势而为？

新质生产力这一概念的提出，标志着我国经济增长方式的深刻变革和生产力发展路径的全新探索。简而言之，新质生产力是以创新为核心驱动力，摒弃传统经济增长模式，具备高科技、高效能、高质量特点，并紧密贴合新发展理念的先进生产力形态。

那么，在这样的大背景下，人力资源管理与新质生产力之间又有着怎样的联系呢？新质生产力的崛起，要求企业的运营模式、生产方式及内部管理进行全面革新，以适应这一全新的发展要求。而这种转变，也促使企业对人才的要求发生了深刻的变化。举例来说，尽管我国在传统能源领域汇聚了众多高层次人才，但在人才转型方面，内驱力和外驱力尚显不足。为了迅速构建新质生产力，不仅需要具备战略眼光、能够引领新质生产力发展的战略人才，还需要在科学技术领域具备深厚造诣的科技人才，以及擅长经营管理的专业人才。因此，发展新质生产力，离不开这些能够推动创新、引领变革的战略人才。人才将成为企业在新质生产力道路上的关键力量，推动企业实现高质量发展。

随着企业向新质生产力的转变，对人才的能力和素质要求日益提高。那么人力资源管理如何配合呢？通过优化绩效考核和薪酬激励机制，人力资源管理能够有效促进企业的快速转变，从而加速新质生产力的形成。

具体来说，在绩效考核方面，随着新质生产力的不断发展，对员工的能力素质要求也产生了显著变化。因此，绩效考核的重点需要相应地进行调整。首先，应确立与新质生产力相匹配的考核标准，确保员工的行为和成果与新质生产力的目标保持一致。其次，要细化考核指标，将新质生产力的关键要素转化为可衡量的绩效指标，以便对员工的工作表现进行准确评估。此外，还应引入多元化的考核方法，如360度反馈、项目评估等，全面了解员工的工作表现和贡献。

在薪酬方面，新质生产力的发展也对薪酬激励机制提出了新的要求。首先，应根据员工的绩效考核结果，合理调整薪酬水平，确保员工的付出与回报相匹配。同时，要注重薪酬结构的优化，将薪酬与员工的能力、贡献和市场价值相结合，形成具有竞争力的薪酬体系。其次，要完善激励机制，通过设立奖金、股权等激励措施，激发员工的工作积极性和创造力。此外，还应注重薪酬管理的公平性和透明度，确保员工对薪酬的满意度和认可度。

资料来源　华恒智信.发展新质生产力的视角下，人力资源管理工作应该如何顺势而为？[EB/OL].[2024-10-22]. https://mp.weixin.qq.com/s/luu4X1Nzc3HUuPa7lFo5Jg.

职业技能
等级测试

职业技能等级测试

一、单项选择题

1.单项关键绩效指标权重一般设定在（　　）之间，对特别重要的指标可适当提高权重。

A.5%~20%　　　　B.5%~30%　　　　C.10%~20%　　　　D.10%~30%

2.以下不属于短期薪酬激励计划的是（　　）。

A.业绩福利　　　B.业绩工资　　　C.业绩奖金　　　D.股票期权

3.关键绩效指标应含义明确、可度量、与战略目标高度相关。指标的数量不宜过多，每一层级的关键绩效指标一般不超过（　　）个。

A.5　　　　　　　B.10　　　　　　C.15　　　　　　D.20

4.阳光公司下属B部门采用经济增加值作为公司内部的业绩评价指标。已知该部门平均资本占用为80 000元，部门税前经营利润为25 000元，该部门适用的所得税税率为25%，加权平均税后资本成本为10%，则该部门的经济增加值为（　　）元。

A.17 750　　　　B.17 000　　　　C.10 750　　　　D.15 000

5.能够作为平衡计分卡核心指标的是（　　）。

A.客户满意度　　B.员工满意度　　C.产品合格率　　D.经济增加值

6.下列不属于关键绩效指标法的优点的是（　　）。

A.有利于战略目标的实现

B.有效地实现企业价值增值目标

C.真实地反映了企业的价值创造能力

D.有利于推广实施

7.绩效管理应为企业实现战略目标服务，支持价值创造能力提升，体现了企业绩效管理的（　　）原则。

A.战略导向　　　B.客观公正　　　C规范统一　　　D.科学有效

8.绩效管理应实事求是，评价过程应客观公正，激励实施应公平合理，体现了企业绩效管理的（　　）原则。

A.战略导向　　　B.客观公正　　　C.规范统一　　　D.科学有效

9.绩效管理的政策和制度应统一明确，并严格执行规定的程序和流程，体现了企业绩效管理的（　　）原则。

A.战略导向　　　B.客观公正　　　C.规范统一　　　D.科学有效

10.绩效管理应做到目标符合实际，方法科学有效，激励与约束并重，操作简便易行，体现了企业绩效管理的（　　）原则。

A.战略导向　　　　　　　　　　B.客观公正

C.规范统一　　　　　　　　　　D.科学有效

11.负责审核绩效管理的政策和制度、业绩计划与激励计划、绩效评价结果与激励实施方案、绩效评价与激励管理报告等，协调解决绩效管理工作中的重大问题的是企业的（　　　　）。

A.薪酬与考核委员会 　　　　　　　B.财务管理部门

C.工程管理部门 　　　　　　　　　D.战略规划部门

12.平衡计分卡的核心是（　　　　）。

A.财务 　　　　　　　　　　　　　B.客户

C.内部流程 　　　　　　　　　　　D.学习与成长

13.下列可作为平衡计分卡客户维度指标的是（　　　　）。

A.价格流动比率 　　　　　　　　　B.正品率

C.人才适配度 　　　　　　　　　　D.资产负债率

14.下列可作为平衡计分卡内部流程维度指标的是（　　　　）。

A.价格流动比率 　　　　　　　　　B.正品率

C.人才适配度 　　　　　　　　　　D.资产负债率

15.下列可作为平衡计分卡学习与成长维度指标的是（　　　　）。

A.价格流动比率 　　　　　　　　　B.正品率

C.人才适配度 　　　　　　　　　　D.资产负债率

16.下列不是平衡计分卡财务维度指标的是（　　　　）。

A.资本保值增值率 　　　　　　　　B.应收账款周转率

C.客户满意度 　　　　　　　　　　D.速动比率

17.平衡计分卡指标的权重分配应以（　　　）为导向。

A.财务指标 　　　　　　　　　　　B.战略目标

C.客户指标 　　　　　　　　　　　D.内部流程指标

18.企业运用系统的工具方法，调动企业员工的积极性、主动性和创造性，激发企业员工工作动力的管理活动是（　　　　）。

A.激励管理 　　　　　　　　　　　B.业绩评价

C.绩效评价 　　　　　　　　　　　D.绩效监控

19.经济增加值法最初由（　　　）提出。

A.沃尔玛公司 　　　　　　　　　　B.思腾思特公司

C.五月花公司 　　　　　　　　　　D.海尔集团

20.经济增加值简称（　　　）。

A.EVA　　　　　　　B.BSC　　　　　　　C.KPI　　　　　　　D.EVV

21.下列不是平衡计分卡缺点的是（　　　　）。

A.仅是对企业当期或未来1～3年价值创造情况的衡量和预判，无法衡量企业长远发展战略的价值创造情况

B.专业技术要求高，工作量比较大，操作难度也较大，需要持续地沟通和反馈，实施比较复杂，实施成本高

C.各指标权重在不同层级及各层级不同指标之间的分配比较困难，且部分非财务指标的量化工作难以落实

D.系统性强、涉及面广，需要专业人员的指导、企业全员的参与和长期持续地
修正与完善，对信息系统、管理能力有较高的要求

22.企业计算经济增加值时，无须考虑（　　）指标。

A.税后净营业利润　　　　　　　　B.平均资本占用

C.主营业务收入　　　　　　　　　D.加权平均资本成本

23.下列（　　）不是经济增加值的优点。

A.考虑了所有资本的成本，更真实地反映了企业的价值创造能力

B.战略目标逐层分解并转化为被评价对象的绩效指标和行动方案，使整个组织
行动协调一致

C.实现了企业利益、经营者利益和员工利益的统一，激励经营者和所有员工为
企业创造更多价值

D.能有效遏制企业盲目扩张规模以追求利润总量和增长率的倾向，引导企业注
重长期价值创造

24.下列（　　）不是经济增加值的缺点。

A.仅是对企业当期或未来1～3年价值创造情况的衡量和预判，无法衡量企业长
远发展战略的价值创造情况

B.计算主要基于财务指标，无法对企业的营运效率与效果进行综合评价

C.指标体系设计不当将导致错误的价值导向或管理缺失

D.不同行业、不同发展阶段、不同规模等的企业，其会计调整项和加权平均资
本成本各不相同，计算比较复杂，影响指标的可比性

25.经济增加值为（　　）时，表明企业获得的利润正好满足债权人和股东的
预期。

A.正数　　　　　　B.0　　　　　　C.负数　　　　　　D.小数

26.平衡计分卡简称（　　）。

A.EVA　　　　　　B.BSC　　　　　　C.KPI　　　　　　D.EVV

27.企业确定关键绩效指标目标值，一般无须参考（　　）因素。

A.行业标准　　　　　　　　　　　B.企业内部标准

C.企业历史经验值　　　　　　　　D.国外经验

28.企业使用关键绩效指标法时，如果特别关键、影响企业整体价值的指标完成，
无论其他指标是否完成，均视为未完成绩效目标，这是（　　）制度。

A.综合考虑　　　　　　　　　　　B.一票否决

C.多重衡量　　　　　　　　　　　D.双重衡量

29.下列不属于关键绩效指标中的结果类指标的是（　　）。

A.投资回报率　　　　　　　　　　B.净资产收益率

C.经济增加值　　　　　　　　　　D.员工满意度

30.下列不属于关键绩效指标中的动因类指标的是（　　）。

A.资本性支出　　　　　　　　　　B.单位生产成本

C.自由现金流　　　　　　　　　　D.产量

■ 二、多项选择题

1.绩效管理的核心是（　　）和（　　）。

A.业绩评价　　　　　　　　　　B.指标体系建立

C.激励管理　　　　　　　　　　D.指标评价

2.下列属于平衡计分卡的优点的有（　　）。

A.战略目标逐层分解并转化为被评价对象的绩效指标和行动方案，使整个组织行动协调一致

B.从财务、客户、内部流程、学习与成长四个维度确定绩效指标，使绩效评价更为全面完整

C.考虑了所有资本的成本，更真实地反映了企业的价值创造能力

D.将学习与成长作为一个维度，注重员工的发展要求和组织资本、信息资本等无形资产的开发利用，有利于增强企业可持续发展的动力

3.在计算经济增加值时，下列各项中需要进行调整的有（　　）。

A.研究开发费用　　　　　　　　B.营业外收入

C.递延税金　　　　　　　　　　D.营业外支出

4.绩效管理应遵循的原则有（　　）。

A.战略导向原则　　　　　　　　B.客观公正原则

C.规范统一原则　　　　　　　　D.科学有效原则

5.绩效管理工具方法应用的一般程序包括（　　）。

A.制订业绩计划与激励计划

B.执行业绩计划与激励计划

C.实施业绩评价与激励

D.编制业绩评价与激励管理报告

6.绩效管理的方法主要有（　　）。

A.关键绩效指标法　　　　　　　B.经济增加值法

C.平衡计分卡　　　　　　　　　D.360度绩效评价

7.关键绩效指标法运用时会形成的关键绩效指标体系有（　　）。

A.员工　　　　　　　　　　　　B.部门

C.岗位　　　　　　　　　　　　D.企业

8.平衡计分卡的设计包括（　　）。

A.财务　　　　　　　　　　　　B.客户

C.内部流程　　　　　　　　　　D.学习与成长

9.依据激励管理对表现优异的员工给予一定奖励，可以采取的形式有（　　）。

A.发放绩效　　　　　　　　　　B.发放奖金

C.非货币性奖励　　　　　　　　D.给予带薪休假

10.业绩计划的制订要确定（　　）层级的计划。

A.企业　　　　B.部门　　　　C.岗位　　　　D.员工

11.企业常用的绩效管理方法有（　　　）。

A.关键绩效指标法 　　　　　　　　　　B.经济增加值法

C.平衡计分卡 　　　　　　　　　　　　D.360度绩效评价

12.运用关键绩效指标法时，指标权重的确定可运用的方法有（　　　）。

A.主观赋权法 　　　　　　　　　　　　B.客观赋权法

C.随机赋权法 　　　　　　　　　　　　D.结合主观赋权法和客观赋权法

13.平衡计分卡可以应用的对象包括（　　　）。

A.岗位 　　　　　　B.企业 　　　　　　C.部门 　　　　　　D.员工

14.平衡计分卡适用于（　　　）类型的企业。

A.战略目标明确 　　　　　　　　　　　B.初创企业

C.管理制度完善 　　　　　　　　　　　D.管理水平高

15.可作为平衡计分卡的财务指标的有（　　　）。

A.净资产收益率 　　　　　　　　　　　B.流动比率

C.总资产周转率 　　　　　　　　　　　D.促销效益比率

16.平衡计分卡每个维度的指标通常为（　　　）个，总数量一般不超过（　　　）个。

A.1～3 　　　　　　　　　　　　　　　B.4～7

C.20 　　　　　　　　　　　　　　　　D.25

17.制定企业级经济增加值指标体系时，应考虑的因素有（　　　）。

A.行业竞争优势 　　　　　　　　　　　B.组织结构

C.业务特点 　　　　　　　　　　　　　D.会计政策

18.制定高级管理人员的经济增加值指标体系时，应考虑的因素有（　　　）。

A.企业级、所属单位（部门）级经济增加值指标体系

B.高级管理人员的岗位职责

C.行业竞争优势

D.会计政策

19.计算经济增加值时，需要进行调整的会计项目有（　　　）。

A.研究开发费

B.反映付息债务成本的利息支出

C.营业外收入

D.递延税金

20.平均资本占用是所有投资者投入企业经营的全部资本，包括（　　　）。

A.经济资本 　　　　　　　　　　　　　B.监管资本

C.债务资本 　　　　　　　　　　　　　D.股权资本

三、判断题

1.绩效管理只是目标管理，不是过程管理。　　　　　　　　　　　　　（　　　）

2.业绩评价是企业实施激励管理的重要依据，激励管理是促进企业业绩提升的重要手段。　　　　　　　　　　　　　　　　　　　　　　　　　　　　　　（　　　）

3. 关键绩效指标法符合一个重要的管理原理——"二八原理"。　　　（　　　）

4. 关键绩效指标法可以单独使用。　　　（　　　）

5. 对无故缺勤的员工给予一定处罚属于激励管理的一种措施。　　　（　　　）

6. 绩效管理的目的是实现企业的战略目标。　　　（　　　）

7. 绩效管理的制度体系明确了绩效管理的工作目标、职责分工、工作程序、工具方法、信息报告等内容。　　　（　　　）

8. 平衡计分卡的核心思想是以财务为核心，实现绩效评价与财务目标的结合。　　　（　　　）

9. 平衡计分卡的实施对专业技术要求不高。　　　（　　　）

10. 平衡计分卡的实施是一项长期的管理改善工作，在实践中通常采用先试点后推广的方式，循序渐进，分步实施。　　　（　　　）

企业实操案例分析

（一）新绩效管理体系

为提升公司服务质量，提高员工工作积极性，打造安全、快捷、高效的航空服务新形象，飞翔航空管理层从实际业务出发，针对关键业务点制定了公司层面的平衡计分卡和航线层面的平衡计分卡，并与部门（航线）员工绩效挂钩，在实现降本增效的同时，改善自身管理环境。

1. 公司层面的平衡计分卡

公司层面的平衡计分卡分别是财务层面平衡计分卡、客户层面平衡计分卡、内部流程层面平衡计分卡和学习与成长层面平衡计分卡，计分卡明细分别见表5-1、表5-2、表5-3、表5-4。

表5-1　　　　　　　　　　财务层面平衡计分卡

编号	指标名称	权重	目标值	实际值	指标得分	加权得分
1	销售量（张）	5%				
2	营业收入（元）	5%				
3	净利润（元）	15%				
4	毛利（元）	5%				
5	销售毛利率（%）	5%				
6	流动比率	5%				
7	速动比率	5%				
8	资产负债率（%）	15%				
9	总资产周转率	5%				
10	净资产收益率（%）	10%				

编号	指标名称	权重	目标值	实际值	指标得分	加权得分
11	净利润增长率（%）	10%				
12	收入增长率（%）	5%				
13	营业利润增长率（%）	10%				
	加权综合得分（分）	100%				

表5-2　　　　　　　　客户层面平衡计分卡

编号	指标名称	权重	目标值	实际值	指标得分	加权得分
1	目标市场占有率（%）	20%				
2	客户有效投诉率（%）	5%				
3	新客户数量（个）	15%				
4	客户满意度（%）	5%				
5	订单增长率（%）	10%				
6	订单服务差错率（‰）	10%				
7	交易额增长率（%）	10%				
8	市场开发（%）	20%				
9	新客户增加率（%）	5%				
	加权综合得分（分）	100%				

表5-3　　　　　　　　内部流程层面平衡计分卡

编号	指标名称	权重	目标值	实际值	指标得分	加权得分
1	单位营业成本（元）	20%				
2	营业成本费用率（%）	5%				
3	危机情况处理成功率（%）	15%				
4	处理单个订单时间（小时）	5%				
5	投诉解决率（%）	5%				
6	卫生服务达标率（%）	10%				
7	航班准点率（%）	10%				
8	设备故障率（%）	5%				
9	安全检查平均得分（分）	20%				

编号	指标名称	权重	目标值	实际值	指标得分	加权得分
10	送达准确率（%）	5%				
	加权综合得分（分）	100%				

表5-4　　　　　　　　　**学习与成长层面平衡计分卡**

编号	指标名称	权重	目标值	实际值	指标得分	加权得分
1	员工沟通能力提升率（%）	20%				
2	员工满意度（%）	5%				
3	员工技能抽查合格率（%）	15%				
4	创新建议采纳率（%）	5%				
5	任职资格达标率（%）	5%				
6	培训课程数（场）	10%				
7	员工技能提升率（%）	5%				
8	员工保持率（%）	30%				
9	人均营业收入（元/人）	5%				
	加权综合得分（分）	100%				

公司层面的平衡计分卡指标得分计算规则：①指标得分=实际值/目标值×100；②加权得分=指标得分×权重；③指标得分超过110分，按110分计；④得分四舍五入保留2位小数。

2.航线层面的平衡计分卡

为提高各航线的竞争力和服务质量，公司在航线层面制定了有针对性的航线绩效得分卡，具体见表5-5。

表5-5　　　　　　　　　**航线绩效得分卡**

维度	指标名称	权重	目标值	实际值	指标得分	加权得分
财务	航油消耗成本节约率（%）	15%				
	单位人力资源成本（元）	15%				
客户	顾客满意度（%）	15%				
	全年为旅客服务次数（次）	10%				
	全年收到旅客投诉次数（次）	10%				
内部流程	准点送达率（%）	10%				
	行李丢失、遗漏比率（%）	5%				

续表

维度	指标名称	权重	目标值	实际值	指标得分	加权得分
内部流程	管理活动创新（%）	10%				
学习与成长	任职资格达标率（%）	5%				
	培训合格率（%）	5%				
加权综合得分（分）		100%				

计算规则：

第一，指标得分、加权得分、单位人力资源成本、全年为旅客服务次数、全年收到旅客投诉次数、管理活动创新均四舍五入保留小数点后2位小数，其他计算结果四舍五入保留百分号前2位小数（如0.01%）。

第二，单位人力资源成本、全年收到旅客投诉次数、行李丢失、遗漏比率指标得分的计算公式为：

指标得分=200-实际值/目标值×100

其他指标计算公式为：

指标得分=实际值/目标值×100

单项指标值超过120分的，按120分计。

第三，加权得分=指标得分×权重。

3.个人绩效层面

各航线机长奖金直接与其所负责的航线绩效得分挂钩，以提升各机长的工作积极性，具体如下：

（1）航线机长奖金系数计算表及计算规则（见表5-6）。

表5-6　　　　　　　　　XXX航线XXX机长奖金系数计算表

项目	得分（分）	系数
公司财务层面		
部门层面（某航线）		
个人层面		
绩效系数		

（2）员工奖金系数计算规则（见表5-7）。

表5-7　　　　　　　　　　　员工奖金系数计算规则

项目	规则说明	
	得分区间	系数计算规则
公司财务层面	［95，110]	系数=1.0+（得分-95）/15×0.3，系数四舍五入保留至0.01
	［90，95）	系数为1.0

续表

项目	规则说明	
	得分区间	系数计算规则
公司财务层面	[85，90)	系数为 0.9
	[0，85)	系数为 0.5
部门层面	[95，120]	系数=1.0+（得分−95）/25×0.3，系数四舍五入保留至0.01
	[90，95)	系数为 1.0
	[85，90)	系数为 0.9
	[0，85)	系数为 0.5
个人层面	[95，120]	系数=1.0+（得分−95）/25×0.3，系数四舍五入保留至0.01
	[90，95)	系数为 1.0
	[85，90)	系数为 0.9
	[0，85)	系数为 0.5

（3）具体航线机长薪酬计算表（见表5-8）。

表5-8　　　　　　　　　　　　**具体航线机长薪酬计算表**

项目	数据
合同年薪（元）	
固定比例	
全年固定薪酬（元）	
年底薪酬补足（元）	
实际年薪（元）	

薪酬计算规则：①实际年薪=全年固定薪酬+年底薪酬补足；②全年固定薪酬=合同年薪×固定比例；③年底薪酬补足=（合同年薪−全年固定薪酬）×绩效系数。

（二）2023年A2航线JA003机长薪酬计算

受绩效考核改革和疫情结束的影响，飞翔航空2023年营收实现515%的增长。请根据A2航线相关数据，完成以下平衡计分卡，并核算A2航线JA003机长2023年薪酬（JA003机长2023年个人层面得分为102分）。2023年，飞翔航空与JA003机长签订的合同薪酬为180万元，固定比例为75%。

问题1：完成2023年飞翔航空财务层面平衡计分卡（见表5-9）。

表5-9　　　　　　　　2023年飞翔航空财务层面平衡计分卡

层面	编号	指标名称	权重	目标值	实际值	指标得分	加权得分
财务层面	1	销售量（张）	5%	5 244 000.00	21 605 280.00		
	2	营业收入（元）	5%	5 109 161 990.00	16 093 860 268.50		
	3	净利润（元）	15%	79 822 481.43	380 513 575.87		
	4	毛利（元）	5%	793 115 652.36	4 123 794 192.04		
	5	销售毛利率（%）	5%	15.52	25.62		
	6	流动比率	5%	1.04	2.38		
	7	速动比率	5%	0.96	1.83		
	8	资产负债率（%）	15%	62.33	63.75		
	9	总资产周转率	5%	0.56	0.85		
	10	净资产收益率（%）	10%	2.32	5.52		
	11	净利润增长率（%）	10%	281.29	1717.59		
	12	收入增长率（%）	5%	95.24	515.00		
	13	营业利润增长率（%）	10%	332.97	2151.20		
加权综合得分（分）			100%				

问题2：完成2023年A2航线绩效得分卡（见表5-10）。

表5-10　　　　　　　　2023年A2航线绩效得分卡

维度	指标名称	权重	目标值	实际值	指标得分	加权得分
财务	航油消耗成本节约率（%）	15%	15.50	13.00		
	单位人力资源成本（元）	15%	55.00	45.00		
客户	顾客满意度（%）	15%	98.00	96.00		
	全年为旅客服务次数（次）	10%	28 900.00	26 600.00		
	全年收到旅客投诉次数（次）	10%	100.00	95.00		
内部流程	准点送达率（%）	10%	98.00	97.50		
	行李丢失、遗漏比率（%）	5%	2.00	2.10		
	管理活动创新（%）	10%	12.00	14.00		
学习与成长	任职资格达标率（%）	5%	96.00	95.00		
	培训合格率（%）	5%	98.00	97.50		
加权综合得分（分）		100%				

问题3：A2航线JA003机长2023年绩效系数计算（见表5-11）。

表 5-11   A2航线JA003机长2023年绩效系数计算表

项　目	得分（分）	系数
公司财务层面		
部门层面（A2航线）		
个人层面（JA003机长）		
绩效系数		

问题4：A2航线JA003机长实际年薪计算（见表5-12）。

表 5-12   A2航线JA003机长实际年薪计算表

项　目	数据
合同年薪（元）	
固定比例	
全年固定薪酬（元）	
年底薪酬补足（元）	
实际年薪（元）	

企业实操案例

分析

注：详细分析过程请扫描二维码观看企业导师实操处理。

项目六

战略管理

学习目标

［知识目标］

◇ 理解战略管理的内涵；

◇ 掌握战略管理应遵循的原则；

◇ 掌握战略管理宏观环境分析和态势分析方法；

◇ 认知战略管理应用程序分析和战略地图。

［技能目标］

◇ 能够熟练运用战略管理宏观环境分析和态势分析方法；

◇ 掌握综合战略管理应用程序分析和运用战略地图进行企业战略决策。

［素养目标］

◇ 树立全面质量管理理念，掌握诊断与改进质量问题的方法；

◇ 树立安全边界意识、风险意识和规则意识，增强规避风险、抵御风险的能力。

学习建议

战略管理是为实现企业的使命和战略目标，分析内外部环境与条件，制定战略决策，评估、选择并实施战略方案，控制战略绩效的动态管理过程。在学习过程中，建议重点理解战略管理分析方法和应用场景模型，培养企业战略决策的综合分析思维。

思维导图

```
                                    ┌──────────────┐   战略管理定义
                      ┌─────────────┤ 战略管理概述   ├───
                      │             └──────────────┘   战略管理特点
                      │
                      │             ┌──────────────┐   战略管理步骤
                      │  ┌──────────┤ 战略管理程序   ├───
         ┌──────────┐ │  │          └──────────────┘   战略管理原则
         │          ├─┤  │          ┌──────────────┐
         │ 战略管理  ├─┼──┼──────────┤ 宏观环境分析   ├─── PEST 分析法
         │          ├─┤  │          └──────────────┘
         └──────────┘ │  │                              SWOT 分析应用
                      │  │          ┌──────────────┐
                      │  └──────────┤ 态势分析法     ├───
                      │             └──────────────┘   战略类型划分
                      │
                      │             ┌──────────────┐
                      └─────────────┤ 战略地图认知   ├─── 战略地图设计
                                    └──────────────┘
```

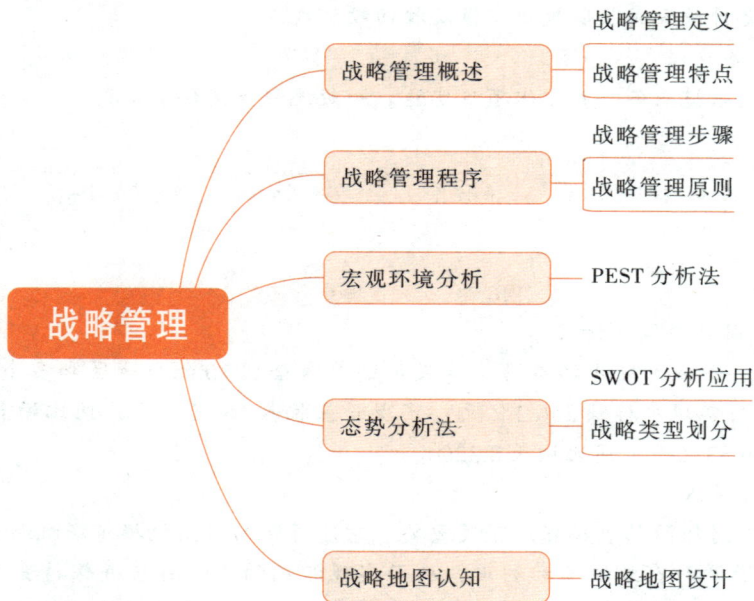

企业实际工作实操导入

一、案例背景①

申远公司是一家主营道路、桥梁等交通工程施工和技术服务的工程建设服务商。多年来，公司一直将质量品牌作为拓展市场、赢得市场的关键策略，持续推行质量管理体系认证，并始终秉持"质量第一、用户至上"的质量方针，贯彻执行国家法律、法规，遵守《建设工程质量管理条例》，以客户满意度为导向，不断夯实企业的生存基础，构建了横向到边、纵向到底的质量责任体系。

（一）主要业务模式

公司工程施工项目的主要业务模式包括工程承包合同模式和融资合同模式。

1.工程承包合同模式

工程承包合同模式是指通过投标或其他方式承揽施工业务，与发包人签订工程承包合同，负责合同内工程的全部施工任务，向发包人提供施工服务，包括向项目业主提供施工总承包服务和向其他工程施工总承包方提供工程专业分包服务等。发包人根据合同约定时间和比例支付工程进度款，办理工程交（竣）工验收手续，工程竣工结算后支付剩余工程款，按合同约定返还工程质保金或保留金。

2.融资合同模式

融资合同模式是指公司向发包人提供工程施工和融资服务，公司负责工程建设施工，同时为发包人提供项目融资，通过项目运营收入或业主回购收回投资。当前公司

---

① 部分内容是作者根据文心一言问答而来。

涉及的融资合同模式主要为PPP项目。PPP项目是指公司通过与政府、其他社会资本合作，参与公共基础设施的投资、融资、建设与运营，运营期内，公司通过政府购买服务或使用者付费方式获取投资回报及收回投资成本。

（二）业务流程

公司自主承揽业务，并组织项目实施。一般流程如图6-1所示。

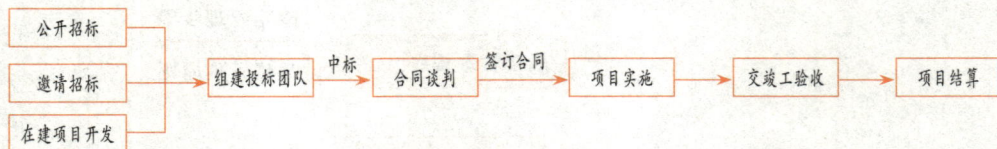

图6-1 公司主要业务流程

（三）公司主要经营情况

近年来，公司积极开拓市场，建设足迹遍布全国10余个地区和多个海外国家。2023年，公司实现中标额256.2亿元；实现营业收入168.2亿元，同比增长6.8%；实现利润总额9.53亿元，同比增长8.32%。

二、问题导入

战略管理对组织的长期发展至关重要。它能够帮助组织把握市场机遇，应对竞争挑战，促进资源的有效配置和利用，从而实现组织的战略目标并保持竞争优势。当前，申远公司战略管理中存在员工对公司战略认知不足、战略执行不到位、战略缺乏与内外部环境的柔性适应等问题，公司拟对战略管理流程进行重新梳理，并制定公司战略，以明确发展方向，提高市场应变能力，并通过目标分解，确保战略落地，推动战略目标的实现。

三、案例资料

申远公司拟采用SWOT方法制定公司的战略，并应用战略地图工具从财务、客户、内部流程、学习与成长四个维度直观描述公司的战略，将战略目标清晰化、可视化。为此，公司成立项目小组专门负责此次战略制定。项目小组首先对申远公司内外部环境进行分析。

（一）外部宏观环境分析

1. 政治与法律环境

2022年1月，交通运输部印发《公路"十四五"发展规划》，明确了"十四五"时期我国公路交通发展的总体思路、发展目标、重点任务和政策措施。2022年3月，国务院《政府工作报告》指出，要坚定实施扩大内需战略，积极扩大有效投资，围绕国家重大战略部署和"十四五"规划，适度超前开展基础设施投资。2022年7月，国家发展改革委与交通运输部联合印发《国家公路网规划》，指出到2035年，基本建成覆盖广泛、功能完备、集约高效、绿色智能、安全可靠的现代化高质量国家公路网，形成多中心网络化路网格局，实现国际省际互联互通、城市群间多路连通、城市群城际便捷畅通、地级城市高速畅达、县级节点全面覆盖、沿边沿海公路连续贯通，这些政策的推行将进一步推进建筑业持续健康发展，并对建筑业的发展产生重大影响。另外，国家"一带一路"倡议为路桥施工企业开辟了新的市场，给路桥施工企业带来了新的发展契机。

2.经济环境

当前我国的基础设施在某些方面已经处于世界领先地位，高铁、高速公路的通车里程已经位列世界第一，目前政府仍然在加大投入。未来特大型、大型城市的公共交通建设将延续很长一段时期。建筑业市场规模增速虽然放缓，但发展空间仍然较大。此外，国家正大力推行PPP模式，这将为建筑业发展带来机遇，而劳动力、资源、环境等成本上升又给建筑业盈利能力带来压力。

3.社会环境

一方面，我国建筑业一直以来属于劳动密集型行业，而随着我国人口老龄化速度加快，人口红利逐渐消失，导致建筑业陷入招工难、用工荒等困境；另一方面，目前建筑业一线产业工人技能水平较低，高素质复合型人才缺乏，而且由于工作环境较艰苦等原因，人才流失问题严重。这些都是目前路桥施工企业普遍面临的问题。

4.技术环境

近年来，随着大数据、物联网、人工智能等技术的发展，路桥施工行业逐渐实现智能化，如智能施工管理系统、无人机巡查技术、自动化施工设备等。这些技术的应用将有效提高施工效率，保证施工质量，降低施工成本。

（二）行业竞争环境分析

1.买方议价能力

目前我国建筑市场上购买方的议价能力很强，国内建筑市场处于供大于求的阶段，加上建筑业是一个产品固定、生产流动的产业，使得在集中竞价时，路桥施工企业的议价能力下降。

2.供方议价能力

路桥施工企业的供应商主要是钢材、混凝土等材料供应商和工程施工设备提供商。其议价能力一般。这主要是因为虽然这些材料、设备所在行业进入壁垒较高，供应商较少，但由于这些大宗材料具有比较强的专用性，且申远公司具有严格的采购程序并及时付款，使得申远公司的议价能力相对较强。

3.潜在进入者威胁

路桥施工行业进入壁垒较高，除了资金规模限制外，还有业务经验、设备等壁垒，面临的潜在进入者威胁一般。

4.替代品的威胁

建筑业的替代品不是真正的替代建筑产品，而是指由于科技进步使得建筑形式发生改变，但这种替代实际上是一个长期的过程，潜在威胁较小。只是当前科技发展迅速，申远公司需要时时关注科技进步对建筑形式的影响，避免落后于竞争对手。

5.行业内现有企业竞争

当前行业内企业众多，实力规模差异较大，随着我国基础设施建设的持续发展，路桥施工行业的市场竞争在不断加剧，并呈现业务规模和地域上分布不均匀的特点。

（三）内部环境分析

1.企业资源

申远公司十分注重企业形象建设，经过多年的发展在市场上积累了一定的知名度，企业品牌形象良好。人力资源方面，目前申远公司新进人员与高级技术人员较多，缺少中级技术人员，人员结构上需要进行一定调整。这主要是由行业因素导致的人才流失问题造成的，因而人才创新能力不足。

2.资源配置能力

申远公司财务稳健，资金筹集能力较强，且能够较好地使用和管理所筹集资金，但整体工程管理能力和营销能力有待提升。

项目小组根据申远公司内外部环境分析结果，应用SWOT工具从财务、客户、内部流程、学习与成长四个维度进行总结，然后结合SWOT分析矩阵，以申远公司的愿景为纲领，经与公司高级管理层多次讨论，确定了申远公司的战略主轴为"以追求企业价值最大化和提升企业竞争优势为导向，强化企业品牌形象，追求卓越项目管理"，将战略按照财务、客户、内部流程、学习与成长四个维度进行分解。

3.财务维度

以公司价值最大化这一长期财务目标为指导，申远公司该维度战略目标包括：提升销售收入规模、控制成本费用。

4.客户维度

该维度将企业战略转化为以客户和市场为基础的目标，助力财务目标的实现。项目小组经与公司高级管理层讨论分析，确定了申远公司该维度战略目标包括：

（1）提高市场份额：抓住机遇，不断开拓市场。

（2）提高客户满意度：通过提供专业的服务赢得客户的认可。

（3）强化品牌形象：切实做好项目质量管理和安全管理，维护企业对外形象。

5.内部流程维度

该维度既是实现客户目标和财务目标的保障，对公司的学习与成长维度也起到一定指导作用。项目小组经与公司高级管理层讨论分析，确定了申远公司该维度战略目标包括：

（1）加强市场营销管理：一方面加强投标管理，另一方面提高营销组织能力与队伍的综合素质。

（2）加强项目管理：提高项目进度和成本管理水平，强化项目质量和安全管理，加强对材料及设备的管理。

（3）增强社会责任：以合规、安全、环保为核心，履行企业社会责任。

6.学习与成长维度

该维度为其他三个维度提供了基础框架，是其他三个维度的驱动因素。项目小组经与公司高级管理层讨论分析，确定了申远公司该维度战略目标包括：

（1）提高员工技能：通过加强员工培训，提高员工专业水平，为项目储备人才。

（2）提高员工满意度：一方面，组织各种团队拓展活动，提高团队凝聚力；另一方面，建立公平合理的绩效管理体系，并做好员工职业发展规划。

（3）构建技术优势：充实技术中心力量，加强技术创新，加强新技术、新材料应用。

（四）实操

【实操任务1】项目小组根据申远公司内外部环境分析结果，应用SWOT工具从财务、客户、内部流程、学习与成长四个维度进行总结，请将表6-1中内外部因素分别对应到BSC-SWOT分析矩阵（见表6-2）中。

表6-1　　　　　　　　　　　　　　内外部因素

A	行业内企业竞争激烈	B	政府加大基础设施建设投入
C	具有较强的采购议价能力	D	整体工程管理能力和营销能力一般
E	企业品牌形象良好	F	行业内人才流失问题严重
G	人员结构有待调整	H	筹集、使用、管理资金能力较强
I	"一带一路"倡议开辟了新的市场	J	PPP模式带来融资便利
K	人才创新能力不足	L	劳动力、资源、环境等成本上升

表6-2　　　　　　　　　　　　　BSC-SWOT分析矩阵

	财务	客户	内部流程	学习与成长
优势				
劣势				
机会				
威胁				

【实操任务2】请根据项目小组对战略地图各维度战略目标的描述，为申远公司绘制战略地图。

任务一　战略管理概述

"战略"一词在我国最早起源于兵法，指将帅的智谋，即战时的韬略、策划、计划。诸葛亮在《隆中对》中提出地缘战略。毛泽东在《论持久战》中提出抗日战争必须经过战略防御、战略相持和战略反攻三个阶段。习近平新时代中国特色社会主义思想明确中国特色社会主义事业总体布局是"五位一体"、战略布局是"四个全面"，强调坚定道路自信、理论自信、制度自信、文化自信。战略贯穿于社会发展进程。当代青年，要树立战略思维。

许多学者和专家对战略管理含义有着不同的解释，可以将其归纳为两类：一是以伊戈尔·安索夫为典型代表的广义战略管理，他们认为战略管理是用于调整企业整体管理的工具；二是以乔治·斯坦纳为代表的狭义战略管理，他们主张战略管理是一个战略制定、战略实施、战略控制和修正的动态过程。

财政部发布的《管理会计应用指引第100号——战略管理》中明确指出：战略管

理是指对企业全局的、长远的发展方向、目标、任务和政策，以及资源配置做出决策和管理的过程。由此可见，战略管理已经成为企业管理最基本和最重要的内容。

根据以上战略管理定义，我们可以发现战略管理有以下四个特点：

一是战略管理具有全局性。战略管理是以组织的总体发展为目标来进行的，它指导企业组织的总体行动，追求组织的总体效果。

二是战略管理具有长远性。战略管理着眼于企业组织的长期、健康、稳定发展，因此要求管理者对未来生存环境和自身状况有足够的预见性。

三是战略管理具有应变性。企业组织所处的外部环境在变，企业本身也在变，因此战略管理必须随时分析内外因素变化状况，对战略进行必要的修正，确保战略目标的实现。

四是战略管理具有竞争性。战略管理的起点就是如何战胜对手，赢得市场和顾客，只有这样企业组织才可能获得长期生存和发展。

如某企业从生产录音磁带起步，在1998年年初，公司认为随着数字化技术、网络应用的普及，电视、电话、电脑三网合一的趋势不可阻挡，便紧紧抓住3C产业融合的发展机遇，逐步形成了3C发展战略。2000年以后，液晶显示技术兴起，公司选择显示屏生产项目作为转型升级战略。至2020年，该企业在其所在行业不只是业绩亮眼，更是形成了技术优势。

任务二　战略管理应用程序

战略管理的重点就是解决企业组织全局性、方向性和长期性的发展问题，综合性比较强，怎样才能把这一思维理念应用在企业的战略管理中，可以按以下程序进行：

首先是战略分析，是对企业所处环境与可利用资源进行分析。企业要关注宏观环境、产业环境、竞争环境等对其影响长远的外部环境因素，尤其是可能发生重大变化的外部环境因素，确认企业所面临的机遇和挑战；同时应关注本身的历史及现行战略、资源、能力、核心竞争力等内部环境因素，确认企业具有的优势和劣势。

其次是战略制定，是企业根据确定的愿景、使命和环境分析情况，选择和设定战略目标的过程。企业可根据对整体目标的保障、对员工积极性的发挥以及企业各部门战略方案的协调等实际需要，选择自上而下、自下而上或上下结合的方法制定战略目标。

企业设定战略目标后，各部门结合战略目标，设定本部门的目标，并将其具体化为一套包含财务关键指标和非财务指标的预测值。预测值要与本企业的可利用资源相匹配，并有利于执行人积极有效实现既定目标。

随后是战略实施，是将企业的战略规划蓝图变成现实的管理过程。企业应加强战略管控，结合使用战略地图等多种管理会计工具方法，将战略落地的关键业务流程化，并落实到企业现有的营运流程中，确保战略目标的实现。

下一步是战略评价，是指企业通过监测战略的进展，评价战略执行效果，分析战略的科学性和有效性，不断修正战略举措，以期达到预期目标。

最后是战略调整，是指根据企业情况的发展变化和战略评价结果，对所制定的战略及时进行调整。战略调整一般包括调整企业的愿景、长期发展方向、战略目标及其战略举措等。

企业进行战略管理，一般应遵循以下原则：

一是目标可行原则。战略目标的设定，应具有一定的前瞻性和适当的挑战性，使战略目标通过一定的努力可以实现。

二是资源匹配原则。企业应根据各业务部门与战略目标的匹配程度进行资源配置。

三是责任落实原则。企业应将战略目标落实到具体的责任中心和责任人，构成不同层级彼此相连的战略目标责任圈。

四是协同管理原则。企业应以实现战略目标为核心，考虑不同责任中心业务目标之间的有效协同，加强各部门之间的协同管理，有效提高资源使用的效率和效果。

任务三　战略管理宏观环境分析

战略管理宏观环境分析（PEST分析）具体来讲，就是宏观环境分析，指对影响企业组织的各种宏观因素的分析。影响企业组织的主要外部宏观环境因素可分为政治、经济、社会和技术四大类。在利用宏观环境分析法对影响企业战略的宏观环境进行分析时，需要分别罗列出政治、经济、社会和技术的相对具体因素。企业组织宏观环境分析，因不同企业组织的自身特点和经营需要不同，分析内容会有些差异，但影响因素是一致的。

（1）政治法律环境因素，是指对组织经营活动具有现实与潜在影响的政治力量和有关的法律、法规等因素。一般需要分析的关键因素有政治制度、产业政策、法律、法规、司法状况和公民法律意识等。

（2）经济环境因素，是指企业外部的经济结构、产业布局、资源状况、经济发展水平以及未来的经济走势等。可以从宏观和微观两个方面进行分析，宏观经济环境主要指一个国家的国民收入、国内生产总值、人口数量等，以及通过这些指标能够反映的国民经济发展水平和发展速度。微观经济环境主要指企业所在地区或所服务地区的消费者的收入水平、消费偏好、储蓄情况、就业程度等因素。这些因素直接决定着企业目前及未来的市场大小。一般需要分析的关键因素有GDP及其增长率、居民可支配收入水平和消费倾向、利率、通货膨胀率、消费模式、劳动生产率水平、汇率等。

（3）社会文化环境因素，是指企业所在社会中成员的历史发展、风俗习惯、宗教信仰、居民教育程度和文化水平、审美观点、价值观念等。一般需要分析的关键因素有价值观和道德观、特殊利益集团、人均收入和收入差距、生活方式、消费习惯、宗教信仰、风俗习惯等。

（4）技术环境因素，技术环境不仅包括那些引起革命性变化的发明，还包括与企业生产有关的新技术、新工艺、新材料的出现和发展趋势以及应用前景。一般需要分析的关键因素有：企业在生产竞争中的关键技术及对企业的重要程度、外购的零部件和原材料的关键技术及最新的发展动向、企业在哪些关键技术领域进行了研发及成果、技术转移和技术商品化速度等。

以上是对影响企业组织发展的宏观环境因素的分析。在此基础上，还要筛选出哪些因素正在影响企业，在当前、未来几年以及更远的将来哪几个因素的影响最重要。

任务四 战略管理态势分析法

影响公司战略管理的内外部因素很多，用态势分析法（简称SWOT分析）可以很好地解决问题。态势分析法是指基于内外部竞争环境和竞争条件下的综合分析，就是将与研究对象密切相关的各种主要内部优势（strength）和劣势（weakness）、外部的机会（opportunity）和威胁（threats），通过调查列举出来，并依照矩阵形式排列，然后用系统分析的思想，把各种因素相互匹配起来加以分析，从中得出相应结论的分析方法。

按照态势分析法，战略目标应是一个企业"能够做的"（即企业的强项和弱项）和"可能做的"（即环境的机会和威胁）的有机组合。

利用态势分析法，首先，要调查列举影响企业组织发展的因素：调查罗列企业组织内部的优势和劣势。内部资源与竞争对手相比较，超越对手的就是优势，否则就是劣势。除此之外，还要罗列企业组织外部的机会和威胁，有利的就是机会，不利的就是威胁。

S（优势）：①良好的企业形象；②强大的研发能力；③规模经济等。

W（劣势）：①资本回报率低；②资金短缺等。

O（机会）：①人口环境变化；②市场壁垒解除；③竞争对手的失误等。

T（威胁）：①行业政策变化；②替代品增多；③顾客需求的改变等。

其次，构造SWOT矩阵。将调查出的各种因素填入矩阵图。按轻重缓急或影响程度等排序方式，构造SWOT矩阵。

最后，制定公司战略。制定战略的基本思路是：发挥优势因素，克服弱势因素，利用机会因素，化解威胁因素；考虑过去，立足当前，着眼未来。有以下四种可能情况：

1.SO战略（优势+机会）

内部资源有优势，外部环境机会多多。这是最理想的一种情况。企业可以利用自身内部优势把握外部机会，使机会与优势充分结合。因此，企业要敏锐地捕捉机会，把握时机，以寻求更大的发展。

2.WO战略（机会+劣势）

这是最大和最小的组合。企业自身不占优势，但外部环境机会多。此时外部环境提供的机会与企业内部资源优势不相适合，企业的优势得不到发挥。在这种情形下，企业就需要提供和追加某种资源，以促进内部资源劣势向优势方面转化，从而迎合或适应外部机会。

3.ST战略（优势+威胁）

这也是一种最大和最小的组合。企业自身优势强劲，但外部面临很大的威胁。当外部环境状况对公司优势构成威胁时，优势得不到充分发挥。在这种情形下，企业应克服威胁，以发挥优势——扬长避短。

4.WT战略（劣势+威胁）

当企业内部劣势与企业外部威胁相遇时，企业就面临着严峻挑战，如果处理不当，可能直接威胁到企业的生死存亡，企业需要减小内部劣势，规避外部威胁。

启智润心　华为公司的创新战略与社会责任

华为作为全球知名的民营企业，在通信技术领域取得了举世瞩目的成就，其成功的背后离不开对中国特色现代企业制度的深入践行以及对战略管理模型的有效运用。华为通过精准把握市场需求、持续投入科技创新、强化党建引领、优化组织管理、合理融通资本以及充分利用政策红利，实现了企业的快速发展和国际化战略布局，为民营企业的发展树立了典范。

在管理战略与变革方面，华为通过清晰的治理架构（如董事会、常务董事会的民主决策机制）和业务架构（如职能平台的划分与独立决策权），确保战略的有效执行。此外，华为通过3～5年的战略规划（SP）和年度业务计划（BC）来聚焦市场份额和盈利目标，并在执行过程中不断调整策略，以应对市场变化和竞争压力。华为的战略管理工具（如IPM、IDM等）和高效的执行能力，帮助公司在全球市场中保持领先地位。

华为在践行中国特色现代企业制度，实现创新发展和国际化战略方面取得了显著成就。通过充分发挥市场需求、科技创新、党建引领、组织管理、资本融通和政策红利的力量，华为实现了技术创新的重大突破、企业管理的优化提升和国际市场的广泛拓展，成为全球通信技术领域的领军企业。

华为通过其创新战略和积极的社会责任实践，展现了企业在促进社会可持续发展方面的重要作用。

华为的"科技向善"实践，如5G技术在疫情防控中的应用和鸿蒙系统对无障碍功能的支持，与联合国可持续发展目标（SDGs）高度契合，体现了科技企业在塑造文明中的作用，推动了产业链的升级，促进了社会信任的资本积累，使华为在全球市场拓展中获得了政策倾斜。

华为通过构建"基础研究+技术攻关+产业应用"的三级创新体系，实现了研发经费的高转化率，这不仅推动了持续创新，还为社会创造了更多的价值，使其在全球通信技术领域取得了领先地位，并为行业树立了标杆。

华为的社会责任实践还包括对教育、健康、绿色环保等方面的贡献。在教育方面，华为整合在线教育资源，打造华为教育中心，为用户带来全场景智慧学习服务和体验。在健康方面，HUAWEI Research联合多家研究机构开展主动健康研究，为消费者提供更好的健康管理方式。在绿色环保方面，华为推行绿色供应链管理，减少碳排放和资源浪费，致力于建立循环经济的商业模式。

　　资料来源　部分内容是作者根据文心一言问答而来。

任务五　战略地图认知

　　战略地图是指为描述企业各维度战略目标之间因果关系而绘制的、可视化的战略因果关系图。

　　战略地图通常以财务、客户、内部流程、学习与成长等四个维度为主要内容，通过分析各维度的相互关系，绘制战略因果关系图。那么如何设计战略地图呢？

　　第一，企业要确定战略目标。战略目标是企业组织宗旨和使命的具体化，企业战略管理部门根据企业宗旨中阐明和确认的经营目的和企业使命，结合环境分析确定企业层的战略目标。根据实际情况可采用自上而下、自下而上或上下结合的方法制定战略目标。然后，各部门按照确定的战略目标设定本部门的战略任务，并将其具体化为一套包括利润、资源、生产、市场、员工报酬与激励等在内的财务关键指标，以及包括遵守法规和社会责任等在内的非财务指标。

　　第二，确定改善业务路径。按照设定的企业战略目标，对现有客户和可能的新客户以及新产品进行深入分析，寻求业务改善和增长的最佳路径，提出业务和财务融合发展的战略主题，包括增加营业收入、提高劳动生产率、提高资产利用率等。

　　第三，定位客户价值。企业应对现有客户进行分析，从产品质量、技术领先、售后服务和稳定标准等方面确定、调整客户价值定位，如针对顾客的不同需求，以分类定位其价值。

　　第四，确定内部营运流程，优化战略目标。企业应根据业务提升路径和服务定位，梳理业务流程及其关键增值活动，分析行业关键成功要素，从内部流程的管理流程、创新流程、客户管理流程、遵守法规流程等角度确定战略主题，并将战略主题进行分类归纳，制定战略方案。

　　第五，确定学习与成长战略目标。企业应根据业务提升路径和服务定位，分析创新和人力资本等无形资源在价值创造中的作用，识别学习与成长维度的关键要素，并相应确立激励制度创新、信息系统创新和智力资本利用创新等战略主题，并为财务、客户、内部流程的业务主题和关键绩效指标提供有力支撑，以促进公司持续发展。

　　第六，进行资源配置。根据各维度战略主题，企业应对其拥有的有形资源和无形资源进行深入分析，对各战略主题进行战略资源配置。同时，要关注人力资源、信息资源、组织资源等在资源配置中的定位及其在价值创造中的作用。

　　第七，绘制战略地图。确立战略地图的总体主题，并与财务维度的战略主题和关键绩效指标对接，形成战略主题和关键绩效指标相连的战略地图。

启智润心　　　　　　　　　　　　　学习战略管理的价值

　　学习战略管理具有很大的价值，我们需要精通战略管理的理论知识，又要能够将其应用于实际案例分析中。理论与实践并重，培养全局视野。

在这一过程中，学习从全局出发，思考企业如何在复杂多变的市场环境中立足，这无形中培养了大局观和长远眼光。更重要的是，战略管理课程引导我们思考企业在追求经济效益的同时，如何兼顾社会效益和环境责任。不仅要学会制定战略，更要懂得战略背后的道德考量和社会担当，从而加深对战略管理的理解，激发对社会、对人生的深刻思考，促进全面发展。

链接新质生产力　　新质生产力与企业战略管理：未来商业版图的重塑

我们正处在一场前所未有的生产力革命之中。这场革命的核心是新质生产力的崛起——它不仅改变了生产方式，更深刻地影响着企业的战略管理与未来发展。作为学生，你们正站在这个时代的门槛上，理解并掌握新质生产力与企业战略管理的关系，将对你们未来的职业生涯产生深远的影响。此处将探讨新质生产力对企业战略管理的影响，旨在激发你们的思考，为未来的商业实践打下坚实的理论基础。

一、新质生产力对企业战略管理的影响

1. 战略制定的新视角

在新质生产力的背景下，企业战略制定必须从传统的资源导向转变为创新驱动和知识导向。企业需要构建基于数据洞察的决策体系，利用大数据分析预测市场趋势，从而制定出更具前瞻性和灵活性的战略。

2. 组织结构的扁平化与网络化

新质生产力要求企业具备快速响应市场变化的能力，这促使企业组织结构向扁平化、网络化转变。层级减少，信息流通加快，决策效率提高，同时，跨部门协作和远程办公成为常态，促进了创新思维的碰撞。

3. 人才管理的创新

人才是新质生产力的核心。企业需要构建以能力为导向的人才管理体系，重视员工持续学习和创新能力的培养。同时，利用人工智能技术优化人力资源配置，提高团队效能。

4. 可持续发展战略的实施

新质生产力不仅关注经济效益，更强调环境保护和社会责任。企业通过应用绿色技术和循环经济模式，实现经济效益与环境保护的双赢，构建企业的长期竞争优势。

二、面向未来的挑战与机遇

面对新质生产力的蓬勃发展，作为未来的商业领袖，你们将面临诸多挑战：如何有效整合新技术，避免技术孤岛现象？如何在数据海洋中挖掘有价值的信息，避免信息过载？如何保持组织的持续创新能力，避免路径依赖？

同时，机遇同样巨大。新质生产力为创业创新提供了无限可能，无论是通过数字化转型提升传统产业，还是利用新技术开发新产品、新服务，都有望成为市场的新宠。更重要的是，它促使企业重新审视自身的社会责任，推动商业模式向更加可持续、人性化的方向发展。

　　新质生产力与企业战略管理的融合，正引领着全球经济向更加智能化、绿色化、人性化的方向迈进。作为学生，你们既是这场变革的见证者，更是未来的参与者。通过不断学习和实践，掌握新质生产力的精髓，并灵活运用于企业战略管理中，你们将能够在未来的商业舞台上大放异彩，共同塑造一个更加美好的未来。

　　资料来源　部分内容是作者根据文心一言问答而来。

职业技能等级测试

职业技能
等级测试

单项选择题

1.企业战略管理的核心任务是（　　　）。

A.提高生产效率　　　　　　　　　　B.实现企业愿景

C.制定并实施战略　　　　　　　　　D.优化组织结构

2.下列（　　　）不是企业战略管理的层次。

A.公司层战略　　　　　　　　　　　B.业务层战略

C.职能层战略　　　　　　　　　　　D.个人层战略

3.企业战略管理的起点是（　　　）。

A.战略实施　　　　　　　　　　　　B.战略分析

C.战略评价　　　　　　　　　　　　D.战略制定

4.SWOT分析主要用于（　　　）。

A.评估企业外部环境

B.评估企业内部资源与能力

C.评估企业面临的机遇与挑战

D.评估企业的优势、劣势、机遇与威胁

5.PEST分析不包括（　　　）。

A.政治法律因素　　　　　　　　　　B.经济因素

C.社会文化因素　　　　　　　　　　D.企业内部因素

6.波特五力模型主要用于分析（　　　）。

A.企业内部竞争力　　　　　　　　　B.企业外部竞争力

C.市场需求　　　　　　　　　　　　D.消费者行为

7.下列（　　　）不是企业战略的构成要素。

A.经营范围　　　　　　　　　　　　B.资源配置

C.竞争优势　　　　　　　　　　　　D.企业文化

8.企业愿景通常描述的是企业的（　　　）。

A.短期目标　　　　　　　　　　　　B.中期目标

C.长期目标　　　　　　　　　　　　D.日常运营

9.差异化战略的核心是（　　　）。

A.降低成本　　　　　　　　　　　　B.提高产品质量

C.提供独特的产品或服务　　　　　　　　D.增加市场份额

10.成本领先战略的主要目标是（　　　）。

　　A.提供高质量的产品　　　　　　　　　B.提供独特的产品

　　C.以最低的成本提供产品或服务　　　　D.增加市场份额

11.市场渗透战略主要通过（　　　）方式实现。

　　A.开发新产品　　　　　　　　　　　　B.进入新市场

　　C.增加现有产品的销售量　　　　　　　D.多元化经营

12.企业实施多元化战略的主要目的是（　　　）。

　　A.降低经营风险　　　　　　　　　　　B.提高产品质量

　　C.增加市场份额　　　　　　　　　　　D.降低成本

13.紧缩型战略通常适用于（　　　）情况。

　　A.企业外部环境稳定　　　　　　　　　B.企业内部资源充足

　　C.企业经营状况不佳　　　　　　　　　D.市场需求旺盛

14.企业战略联盟的主要形式是（　　　）。

　　A.合资企业　　　　　　　　　　　　　B.并购

　　C.独资经营　　　　　　　　　　　　　D.租赁

15.企业国际化经营的初级阶段通常是（　　　）。

　　A.跨国并购　　　　　　　　　　　　　B.海外直接投资

　　C.出口产品　　　　　　　　　　　　　D.设立海外研发机构

16.企业核心竞争力通常体现在（　　　）方面。

　　A.成本控制能力　　　　　　　　　　　B.市场营销能力

　　C.技术创新能力　　　　　　　　　　　D.客户服务能力

17.战略实施的关键是（　　　）。

　　A.制订战略计划　　　　　　　　　　　B.组织结构调整

　　C.资源配置　　　　　　　　　　　　　D.战略控制

18.平衡计分卡的核心思想是（　　　）。

　　A.以财务指标为核心　　　　　　　　　B.以客户满意度为核心

　　C.以战略为核心　　　　　　　　　　　D.以员工满意度为核心

19.企业战略转型通常意味着（　　　）。

　　A.企业经营方向的彻底改变　　　　　　B.企业规模的扩大

　　C.企业产品线的增加　　　　　　　　　D.企业盈利能力的提升

20.以下（　　　）不是企业战略管理的原则。

　　A.全局性原则　　　　　　　　　　　　B.长期性原则

　　C.适应性原则　　　　　　　　　　　　D.利润最大化原则

21.企业实施蓝海战略的主要目的是（　　　）。

　　A.降低成本　　　　　　　　　　　　　B.提高市场份额

　　C.开拓新的市场空间　　　　　　　　　D.模仿竞争对手

22.企业并购后的整合阶段主要关注的是（　　　）。

A.财务报表的合并　　　　　　　B.人力资源的整合

C.产品线的调整　　　　　　　　D.市场营销策略的制定

23.企业进行市场细分的主要目的是（　　）。

A.提高产品质量　　　　　　　　B.增加市场份额

C.更好地满足客户需求　　　　　D.降低营销成本

24.以下（　　）不是企业实施战略管理的必要条件。

A.明确的企业愿景　　　　　　　B.完善的组织结构

C.充足的资金　　　　　　　　　D.高素质的管理团队

25.企业战略实施中的组织变革通常包括（　　）。

A.流程优化　　　　　　　　　　B.人员调整

C.技术升级　　　　　　　　　　D.所有选项都是

26.企业进行外部环境分析时，通常不包括（　　）。

A.竞争对手分析　　　　　　　　B.行业趋势分析

C.企业内部资源分析　　　　　　D.政策法规分析

27.企业实施集中化战略的主要目的是（　　）。

A.提高市场份额　　　　　　　　B.降低成本

C.专注于特定市场或产品线　　　D.开拓新市场

28.企业进行市场定位时，主要关注的是（　　）。

A.产品价格　　　　　　　　　　B.产品质量

C.客户需求和偏好　　　　　　　D.竞争对手策略

29.实施多元化战略时，可能面临的主要风险是（　　）。

A.资源分散　　　　　　　　　　B.市场份额增加

C.成本控制能力提高　　　　　　D.产品质量提升

30.企业进行内部环境分析时，通常关注的是（　　）。

A.竞争对手实力　　　　　　　　B.行业发展趋势

C.企业资源和能力　　　　　　　D.政策法规变化

企业实操案例分析

　　本案例以申远公司为例简要说明战略地图在战略制定中的应用。申远公司通过运用PEST分析法和波特五力分析模型分别从宏观、中观角度对申远公司的外部环境进行分析，然后从企业资源、配置能力方面对申远公司内部环境进行分析，最后应用SWOT分析工具总结申远公司面临的机会或威胁、明确其优势或劣势，进而确定战略主轴，构建公司层面战略地图。本案例只简要说明战略的分析与描述过程，下一步申远公司需要将战略分解成各层级可执行的指标和行动方案，确保战略落地，并建立战略回顾机制和更新机制，形成完整的战略管理闭环。

　　问题1：基于平衡计分卡的SWOT分析中，应首先区分哪些是外部因素、哪些是内部因素。如果是外部因素，分析它是机会还是威胁；如果是内部因素，分析它是优势还是劣势。然后再将其对应到相应维度中，其中财务维度归集财务方面的因素，客户维度归集与客户和市场相关的因素，内部流程维度归集与采购、生产等相关的因素，学习与成长维度则归集与人力资源、组织、信息系统等无形资产相关的因素。基于申远公司内外部环境分析结果，按财务、客户、内部流程、学习与成长四个维度分析的SWOT矩阵见表6-3。

表6-3　　　　　　　　　　　　BSC-SWOT分析矩阵

	财务	客户	内部流程	学习与成长
优势	H	E	C	
劣势			D	G、K
机会	J	B、I		
威胁	L	A		F

问题2：企业战略管理分析思路图如图6-2所示。

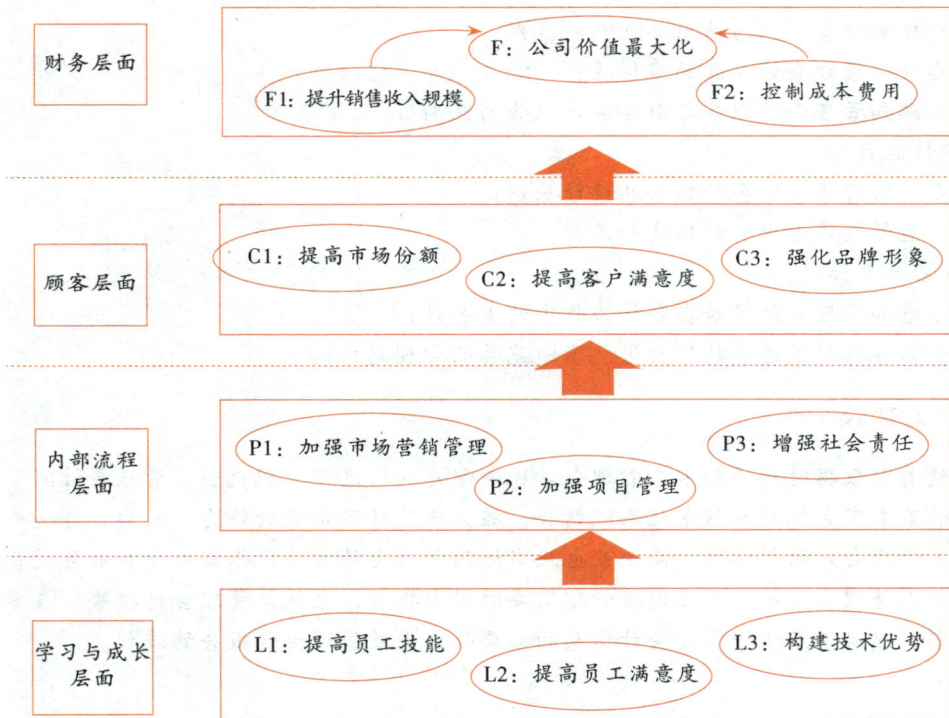

图6-2　企业战略管理分析思路图

注：详细分析过程请扫描二维码观看企业导师实操处理。

企业实操案例

分析

项目七

整体管理会计信息与编制管理会计报告

■ 学习目标

［知识目标］

◇ 理解财务信息与非财务信息的区别；

◇ 理解管理会计信息的多样性；

◇ 熟知管理会计报告与财务会计报告的区别。

［技能目标］

◇ 能够遵循管理会计报告的设计原则；

◇ 能够设计管理会计报告的流程。

［素养目标］

◇ 感知管理会计报告在会计工作中的重要性；

◇ 具备与时俱进、持续改进、不断完善的管理思维。

■ 学习建议

随着大数据时代的到来，管理会计也逐渐走向信息化。现代企业管理会计将管理会计的基本实务操作与信息化系统结合，极大地节约了企业的物力、人力，并进一步提高了管理会计的科学性；而企业也应当运用管理会计方法，根据财务和业务的基础信息加工整理形成满足企业价值管理需要的对内报告，也就是管理会计报告。在学习过程中，建议重点理解管理会计信息的必要性，以及管理会计报告的流程。

■ 思维导图

整体管理会计信息与编制管理会计报告
- 搭建管理会计信息系统
  - 认知管理会计信息
  - 管理会计信息的特征
  - 管理会计信息化的原则
  - 管理会计信息化的条件
  - 管理会计信息的载体
- 编制企业管理会计报告
  - 认知管理会计报告
  - 管理会计报告的基本特征
  - 管理会计报告的设计原则
  - 管理会计报告的形式与类别
  - 管理会计报告的流程

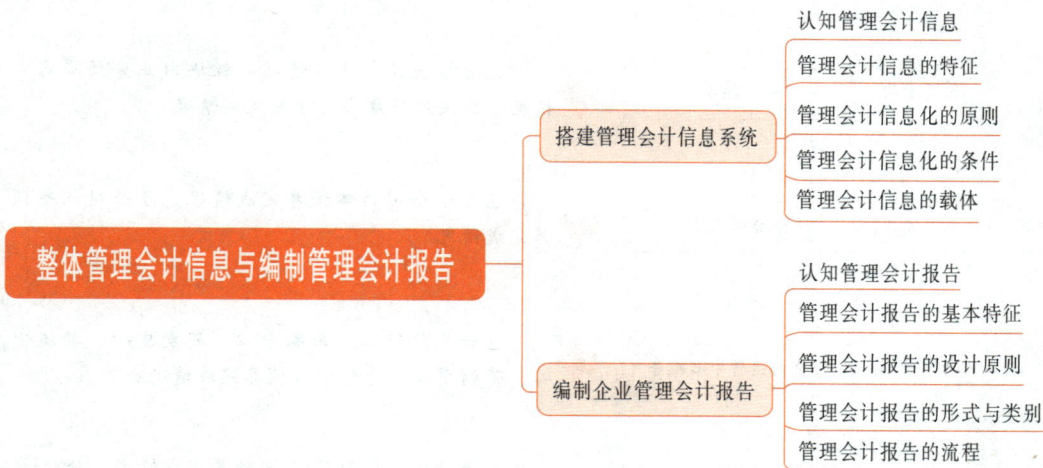

■ 企业实际工作实操导入

未来集团是一个多元化的企业集团，主要从事运动服饰的生产及销售。未来集团共有下属企业 25 家，总资产规模 267 亿元，2022 年实现营业收入 306 亿元，同比增长 1.95%。

近年来，由于经济增长放缓，未来集团从事的运动服装行业受到巨大冲击，产品市场需求锐减，人工及原材料成本持续上涨，对集团的经营及盈利产生负面影响。登山服板块业务受当前行业内竞争持续加剧的影响，集团内从事登山服生产的企业市场开拓能力不足，亟待采取措施加以改善。

面对外部市场压力，未来集团一方面通过整合集团优势资源，提升市场竞争力，另一方面则计划从集团内部流程着手，完善现有管理会计报告体系，以更好地支持集团运营。那么未来集团是如何改进报告体系的呢？

当前集团管理会计报告体系存在以整体为基础构建，缺少各业务板块、各分部、各节点信息，难以满足企业决策、控制与评价需求等问题。

未来集团拟建立集绩效、预算、薪酬、分析评价、成本管理和管理报告于一体的报告体系，把生产经营各环节中与运营、控制、分析和考核相关的信息及时进行收集、整合与传递，以满足不同层级使用主体的信息需求。以预算指标体系为例，构建的报告体系如图 7-1 所示。

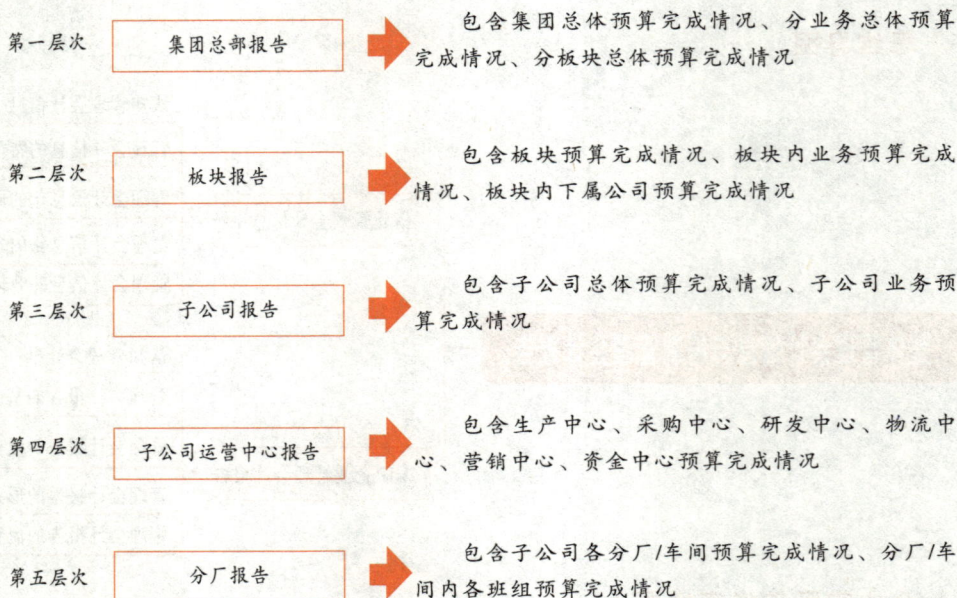

第一层次	集团总部报告 →	包含集团总体预算完成情况、分业务总体预算完成情况、分板块总体预算完成情况
第二层次	板块报告 →	包含板块预算完成情况、板块内业务预算完成情况、板块内下属公司预算完成情况
第三层次	子公司报告 →	包含子公司总体预算完成情况、子公司业务预算完成情况
第四层次	子公司运营中心报告 →	包含生产中心、采购中心、研发中心、物流中心、营销中心、资金中心预算完成情况
第五层次	分厂报告 →	包含子公司各分厂/车间预算完成情况、分厂/车间内各班组预算完成情况

图7-1　报告体系

通过构建的这一系列管理会计报告体系并结合相关内部考核评价体系，未来集团将战略目标层层分解，确保经营规划得到落实，有效地推动了生产、销售目标的实现，并在提高生产效率的同时实现了相关费用的下降，大大提高了集团的经济效益，集团内相关板块企业的市场竞争力也逐渐增强。

微课7-1

搭建管理会计信息系统

任务一　搭建管理会计信息系统

一、认知管理会计信息

管理会计是企业的各责任主体利用相关信息，有机融合财务和业务活动，为企业内部的预测、决策、规划、控制和业绩评价等管理过程提供信息的管理信息系统，它能为每一决策者提供信息。

管理会计信息既包括决策者进行各种管理活动过程中使用的与其管理活动相关、量身定制、有机融合的各种信息，也包括由此而生成的财务信息和非财务信息。

其中，财务信息是企业与各种利益相关者连接的主要方式，包括成本、收入、销售、利润等；而非财务信息是驱动财务信息的各种活动，如新产品开发、产品生产工艺流程设计、产品品种结构设计、产品推广、产品销售、产品配送等。财务信息从财务报表中可以直观地反映出来，但非财务信息往往容易被忽视，导入中的未来集团在整合优势资源时找到了非财务信息，才使得企业利润再次增长，足以说明非财务信息的重要性。

二、管理会计信息的特征

从管理会计的定义可以看出，管理会计信息是因为企业内部责任者在预测、决策、规划和控制活动中应用管理会计工具以及因应用管理会计而生成的各种信息：

第一，管理会计信息在内容和层次上呈现出多样性，不同层级责任者的决策决定了管理会计信息的需求范围和核心。导入中的未来集团在建立预算指标体系时，由集团总部为起点，逐级向下，完成了不同层级的管理信息报告，不同层级责任者所发现的管理会计信息呈现出了多样性。

第二，不同行业的管理会计信息有所差异。对于服务业、政府、非营利组织这些主体来说，管理者需要的管理会计信息显然是不一样的。对于服务业，管理者的决策重点在于提高服务的及时性和质量，因此，他们需要的管理信息是关于对经营费用的预算和控制；对于政府，管理者更看重政务服务是否快捷有效，他们需要的管理会计信息是公民的满意度、财政资金的预算与使用效应和对公债的偿付性；对于非营利组织，管理者看重社会服务事项以及政府和社会的支持，他们需要收入、成本、费用等财务信息和服务对象满意度等非财务信息。

三、管理会计信息化的原则

将管理会计信息化，是以财务和业务数据为基础，借助计算机、网络通信等现代信息技术手段，对信息进行获取、加工、整理、分析和报告等操作处理，为企业有效开展管理会计活动提供全面、及时、准确的信息支持。其应遵循以下原则：

（1）系统集成原则。管理会计系统功能模块应与财务及业务系统功能模块紧密集成，通过事先确定的规则，完成财务和业务数据到管理会计数据的自动生成过程，同时实现对财务和业务数据的预警或控制。

（2）数据共享原则。企业在实施管理会计信息化时，一方面应制定统一的标准和规范，实现数据的集中统一管理；另一方面应借助系统的无缝对接，实现数据的一次采集，全程共享。

（3）规则可配置原则。管理会计系统功能模块应提供规则配置功能，实现其他功能模块与管理会计模块相关内容的映射和自定义配置。

（4）灵活扩展性原则。管理会计系统功能模块应具备灵活扩展性，及时满足企业内部管理的需要，同时对环境、业务、产品、组织和流程的变化做出响应。

【小贴士7-1】管理会计信息模块，是指集成在企业信息系统中，以企业信息系统中的财务和业务数据为基础，借助系统的技术手段实现管理会计应用的过程，为企业有效开展管理会计活动提供支持的信息系统模块。

四、管理会计信息化的条件

（1）对企业营运主体、营运范围、业务流程、责任中心等有清晰定义。

（2）设有具备管理会计职能的相关部门或岗位，具有一定的管理会计工具方法的应用基础以及相对清晰的管理会计应用流程。

（3）具备一定的财务和业务信息系统应用基础。为更好地促进管理会计信息模块的应用，企业需具备一定的系统应用基础，包括已经实现了相对成熟的财务会计模块的应用，并一定程度上实现了经营计划管理、采购管理、销售管理、库存管理等基础业务管理职能的系统化。

【互动思考】不同的应用环境对会计信息系统有何影响？

五、管理会计信息的载体

从信息的内容和作用角度看，管理会计信息载体包括财务信息系统、物流信息系统和人力资源系统等，隐含有成本、预算、绩效和报告等信息模块。

从信息的电子处理角度看，管理会计信息系统是指各企业利用各种内外部渠道，通过采集、转换等方式，获得相关、可靠的基础信息，并借助计算机、网络通信等现代信息技术手段，对获取的基础信息进行整理、加工、分析和传递等，生成全面、及时、准确，能满足管理会计有效应用的各种信息的有机系统。该系统包括规划和建设、应用两大子系统。其中，规划和建设系统是由规划、实施和维护等要素组成的，而应用系统是由输入、处理和输出等要素组成的。

【互动思考】列举一个你所熟悉和了解的企业，其需要哪些管理会计信息？欢迎你进一步思考，进入在线课平台，与编者进一步互动。

微课7-2

编制管理会计报告

任务二　编制企业管理会计报告

一、认知管理会计报告

企业管理会计报告，是指企业运用管理会计方法，根据财务和业务的基础信息加工整理形成的，满足企业价值管理需要的对内报告。

企业管理会计报告的目标是为企业各层级进行规划、决策、控制和评价等管理活动提供有用信息。企业应建立管理会计报告组织体系，根据需要设置管理会计报告相关岗位，明确岗位职责。企业各部门、各岗位都必须履行提供管理会计报告所需信息的责任。

企业管理会计报告的形式要件包括报告的名称、报告期间或时间、报告对象、报告内容以及报告人等。企业管理会计报告的对象是对管理会计信息有需求的各个层级、各个环节的管理者。

二、管理会计报告的基本特征

管理会计报告是管理会计各种方法应用的最终结果。在推动企业战略规划时，需要企业在管理会计应用环境基础上，运用管理会计工具，将管理活动中的有用信息生成会计报告，完成决策，利用对信息挖掘分析的特点来解决企业业务问题。

管理会计的特征决定了管理会计报告的特征，财务会计报告和管理会计报告的区别见表7-1。

表 7-1　　　　　　　　　　　财务会计报告和管理会计报告的区别

	信息特征	形式特征	质量特征	职能特征
财务会计报告	成本信息可能不够准确，误导生产效率目标	传统会计观念和模式	相关、可靠、及时、可理解	为企业管理服务侧重"事后"反映过去业务情况
管理会计报告	信息可靠、有隐藏价值、能解决问题	更大的灵活性和多样性	管理会计活动成果的重要载体相关、可靠、及时、可理解	为企业管理服务强调"及时性"、"事前"和"事中"

管理会计工作者利用管理会计报告，可以充分发挥管理会计计划、决策、控制和评价的职能作用。

【互动思考】管理会计报告形式要件中所说的时间和财务报告中所说的时间有何不同？

三、管理会计报告的设计原则

设计管理会计报告体系应当使管理会计报告能够真正服务于企业的运行过程，因而需要遵循目标导向原则、相关性原则、及时性原则、成本效益原则。

（1）目标导向原则：管理会计报告体系的构建必须满足管理人员的会计信息需求，因而需要目标导向。发现问题、分析问题和解决问题正是管理会计报告的职责所在，整理和满足不同主体需求，可以合理体现管理会计报告的目标导向。

（2）相关性原则：管理会计报告所提供信息的价值与其管理决策直接相关。管理是一个复杂而系统的工程，局部的有效性无法替代全局的有效性。作为管理的重要工具，管理会计在构建过程中，必须充分重视系统性和信息的相关性，确保对决策有用、有效。

（3）及时性原则：管理会计报告绝不是事后的报账工作，它提供的信息是战略决策的重要参考，因而系统的构建必须遵循及时性原则，尽可能简洁明了，使决策时间更充足。

（4）成本效益原则：管理会计报告的编制和传递需要耗费一定的资源，包括人力、物力和时间等。因此，应确保报告所带来的效益大于其成本，避免为了追求过于复杂或详细的报告而导致成本过高。

四、管理会计报告的形式与类别

管理会计报告按期间可以分为定期报告和临时报告，按内容可以分为综合报告和专项报告等类别。

有的企业将管理会计报告分为定期报告、分析报告、整体报告等；还有的企业将其分为价值报告、责任报告和决策报告等。

其中，综合报告又称为整体报告，如全面预算报告、资产经营报告、资本经营报告、内部控制报告和企业价值报告等。全面预算完成情况报告属于整体报告，包括营业（或业务）预算、投融资预算、财务预算和专项预算等，以便单位进行全面预算管理等。

专项报告又称专题报告、单项报告，如决策报告、营运报告、经济增加值报告、责任会计报告、项目价值分析报告等。

五、管理会计报告的流程

企业管理会计报告流程包括报告的编制、审批、报送、使用、评价等环节：

（1）管理会计报告由管理会计信息归集、处理并报出的责任部门编制。

（2）根据报告的内容、重要性和报告对象等，确定不同的审批流程，经审批后的报告方可报出。

（3）合理设计报告报送路径，确保企业管理会计报告及时、有效地送达报告对象。企业管理会计报告可以根据报告性质、管理需要进行逐级报送或直接报送。

（4）建立企业管理会计报告使用的授权制度，报告使用人应在权限范围内使用企业管理会计报告。

（5）对企业管理会计报告的质量、传递的及时性、保密情况等进行评价，并将评价结果与绩效考核挂钩。

企业必须充分利用信息技术，强化企业管理会计报告及相关信息的集成和共享，将企业管理会计报告的编制、审批、报送和使用等纳入企业统一信息平台；定期根据企业管理会计报告使用效果以及内外部环境变化对企业管理会计报告体系、内容、编制、审批、报送、使用等进行优化。企业管理会计报告属于内部报告，要在允许的范围内传递和使用，相关人员要遵守保密规定。

在管理越来越趋于精益化的今天，管理会计报告在决策、控制和价值创造方面的作用日益重要。管理会计信息质量越高，对经济发展的贡献就越大。要推动管理会计工作的建设，一方面，企业应重视管理会计人才的培养和任用，积极开展管理会计知识培训，形成推进管理会计工作的良好氛围；另一方面，企业应主动融合会计与业务活动，充分利用信息化手段，加强管理会计信息系统建设，积极开展管理会计工作报告，切实提升企业的价值创造能力，有效促进会计工作转型升级。

经济越发展，会计越重要；会计越重要，经济越发展。管理会计需要与时俱进、持续改进、不断完善。

启智润心　　　　　　　　**德勤的"第四张报表"——数据资产表**

在"双循环"的新发展格局下，坚持高质量发展新目标，积极导入大数据、人工智能、移动互联、云计算、物联网、区块链、元宇宙等数字化技术，是管理会计报告信息扩展的内在要求，也是朝着时效更快、质量更高的管理会计转型的基础保障。企业应当充分利用数字技术和现代科技，紧扣战略与核心业务，不断探索优化管理会计报告的自动化生成机制，以保障其能够及时传递给企业内部管理者，进而辅助其做出科学、明智的决策，更好地服务于企业的价值创造。

目前，国内一些大型企业已经形成一系列管理会计报告拓展的新形式，实践中比较有代表性的是"第四张报表"模式。

德勤的"第四张报表"——数据资产表——是由德勤中国率先提出的，之所以称其为"第四张报表"，是相对于现行的财务会计三张报表来说的。当前，面对数字经济的迅速发展，基于大数据等技术的报告手段不断增加，面向数据且聚焦业务的报表将成为大势所趋。德勤的"第四张报表"是动态发展的，该类报表的设计是以非财务数据为基础，通过结构化、标准化的方式对企业价值进行反馈的一种报表体系结构。在数字化技术支撑下，数据资产的确认、计量及其报告将成为一种强制性的手段。一种符合明晰性、相关性和可靠性等的管理会计报告，将是管理会计贡献于社会的时代特征。将数据资源加速转化为核心资产是管理会计报告的重要使命。在数字经济时代，管理会计从原来的信息支持系统与管理控制系统功能，扩展到业财融合、推动战略发展，再到赋能整个生态的功能，需要为合作伙伴提供更加全面的信息支持与管理控制的系统功能，进而为生态系统的合作伙伴创造更大的价值增值机遇或空间。从这个意义上讲，"第四张报表"是一张"业财融合"且基于大数据情境的"数据资产表"，即在合理的价值计量基础上，实现数据资产的入账入表，以数据资产价值显化为基础，完善数据资产转移、交易和融资管理与审批流程，实现数据资产在保值增值基础上的高效赋能运营。数据资产表的具体内容如下：（1）在管理会计的目标上，该报表体现的是数字经济时代的顾客价值驱动，其提供的是基于算法推荐的数字价值增值，表明管理会计具有直接创造价值的功能作用。（2）在管理会计的工具应用上，采用的是大数据分析与共享平台管理手段。（3）在管理会计的影响范围方面，涉及内外部共生主体的数字价值创造信息。（4）管理会计的管理对象是内外部共生系统中的数字产品。（5）其他。

资料来源　冯圆.管理会计报告的内涵、体系结构及未来发展［J］.商业会计，2024（2）.

链接新质生产力　　　　**新质生产力变革下管理会计报告**

在全球经济快速发展和科技日新月异的背景下，新质生产力正逐渐成为推动企业转型升级的关键因素。管理会计作为企业的核心职能之一，其报告体系在新质生产力的推动下也面临着深刻的变革。本报告旨在探讨新质生产力变革下管理会计报告的转型路径和策略，为企业的可持续发展提供有益的参考。

传统的管理会计报告主要侧重于对历史财务数据的整理和呈现，缺乏对数据的深入分析和挖掘。然而，在新质生产力的推动下，企业需要更加关注数据的实时性、准确性和价值性，以便做出更加科学的决策。因此，管理会计报告面临着以下挑战：

数据处理能力的挑战：传统的管理会计报告难以处理海量、复杂的数据，导致数据的准确性和实时性受到限制。

报告模式的挑战：传统的管理会计报告模式单一，缺乏灵活性和多样性，无法满足不同用户的需求。

决策支持能力的挑战：传统的管理会计报告主要关注历史数据，缺乏对未来的预测和规划能力。

为了应对上述挑战，管理会计报告需要在新质生产力的推动下进行转型。以下是转型的主要路径：

提升数据处理能力

引入先进的数据处理技术，如大数据分析、人工智能等，提高数据处理的速度和准确性。同时，建立数据共享机制，实现数据的跨部门、跨企业共享，提高数据的利用效率。

创新报告模式

根据用户需求的不同，创新管理会计报告的模式。例如，可以采用动态报告、交互式报告等新型报告模式，提高报告的灵活性和多样性。同时，还可以将报告与可视化工具相结合，使数据更加直观、易懂。

强化决策支持能力

通过数据挖掘和分析，发现数据中的规律和趋势，为企业的决策提供科学依据。同时，建立预测模型，对未来的市场趋势和财务状况进行预测和规划，提高企业的风险应对能力。

注：部分内容是作者根据文心一言问答而来。

职业技能等级测试

职业技能
等级测试

一、单项选择题

1.管理会计报告的主要目的是（　　　）。

A.公开财务信息给外部投资者

B.提供内部管理决策所需的信息

C.遵守法律法规的财务报告要求

D.记录企业的日常交易

2.（　　　）报告通常不包括在管理会计报告的范畴内。

A.成本分析报告　　　　　　　　　　B.财务报表附注

C.预算报告　　　　　　　　　　　　D.利润中心业绩报告

3.管理会计报告中的成本习性分析主要关注（　　　）。

A.成本随时间的变化

B.成本与业务量之间的关系

C.成本与产品质量的关系

D.成本与市场份额的关系

4.以下（　　　）不属于管理会计报告的内容。

A.现金流量预测　　　　　　　　　　B.财务报表审计意见

C.责任中心报告　　　　　　　　　　D.本量利分析

5.在制定预算时，（　　　）强调对过去数据的分析，并假设未来将继续保持类似趋势。

    A.零基预算   B.增量预算

    C.活动基础预算   D.弹性预算

6.（　　）管理会计报告通常用于评估产品或服务的盈利能力。

    A.资产负债表   B.现金流量表

    C.贡献毛益报告   D.股东权益变动表

7.在管理会计中，（　　）术语指的是通过降低成本或提高收入来增加利润的努力。

    A.成本控制   B.利润最大化

    C.边际贡献   D.本量利分析

8.（　　）管理会计报告可以帮助企业了解各部门或项目的成本控制情况。

    A.责任中心报告   B.财务报告

    C.市场分析报告   D.审计报告

9.在预算编制过程中，（　　）方法要求每个预算项目都必须从零开始论证其必要性。

    A.零基预算   B.固定预算

    C.滚动预算   D.弹性预算

10.（　　）有助于管理层了解企业的现金流入和流出情况，以规划未来的资金需求。

    A.现金流量预测报告   B.资产负债表

    C.利润表   D.股东权益变动表

11.以下（　　）不是管理会计报告与传统财务会计报告的主要区别。

    A.目的不同   B.受众不同

    C.遵循的会计准则不同   D.报告格式不同

12.（　　）提供了关于企业不同责任中心（如成本中心、利润中心等）的业绩信息。

    A.责任中心报告   B.综合财务报告

    C.管理决策报告   D.现金流量报告

13.在管理会计中，（　　）用于确定企业在不同产量水平下的收入和成本关系。

    A.本量利分析   B.成本控制分析

    C.盈利能力分析   D.财务比率分析

14.（　　）提供了关于企业预算执行情况的信息。

    A.预算执行报告   B.财务报表

    C.市场分析报告   D.审计报告

15.以下（　　）是管理会计报告中的一个重要概念，用于评估企业的经济效率。

    A.利润率   B.边际贡献率

    C.产能利用率   D.成本效益分析

16.（　　）可以帮助企业了解各部门或项目的贡献毛益情况。

    A.贡献毛益报告   B.财务报告

C.市场分析报告   D.预算报告

17.在管理会计中,(　　)通常用于评估企业的战略实施效果。

A.战略管理会计报告   B.财务报表

C.管理决策报告   D.现金流量报告

18.(　　)允许企业在一定范围内调整预算以适应实际情况的变化。

A.弹性预算   B.固定预算

C.零基预算   D.滚动预算

19.(　　)提供了关于企业成本结构的信息,有助于制定成本控制策略。

A.成本分析报告   B.财务报告

C.市场分析报告   D.预算执行报告

20.在管理会计中,(　　)用于评估企业的资金需求和筹资能力。

A.现金流量预测报告   B.资产负债表

C.利润表   D.现金流量表

21.(　　)有助于管理层了解企业的成本控制和盈利潜力。

A.成本控制报告   B.财务报告

C.预算报告   D.股东权益变动表

22.以下(　　)不是管理会计报告编制过程中需要考虑的因素。

A.报告的目的和受众   B.报告的准确性和及时性

C.报告的格式和美观程度   D.报告的合规性和可审计性

23.(　　)提供了关于企业未来一段时间内的预算安排和资金需求的信息。

A.预算报告   B.财务报告

C.现金流量预测报告   D.管理决策报告

24.在管理会计中,(　　)强调通过降低成本来增加利润。

A.成本控制   B.利润最大化

C.边际贡献分析   D.本量利分析

25.(　　)用于评估企业的成本效益,以制定有效的成本控制策略。

A.成本效益分析报告   B.财务报告

C.预算执行报告   D.市场分析报告

26.在管理会计中,(　　)用于评估企业的战略目标和财务目标的达成情况。

A.战略管理会计报告   B.财务报告

C.管理决策报告   D.预算执行情况报告

27.(　　)提供了关于企业产品或服务的成本构成和盈利能力的信息。

A.成本分析报告   B.财务报告

C.利润表   D.现金流量表

28.在管理会计中,(　　)允许企业根据实际情况调整预算,以应对不确定性。

A.弹性预算   B.固定预算

C.滚动预算   D.零基预算

29.(　　)用于评估企业的成本效益,以指导资源配置决策。

A.成本效益分析报告　　　　　　　　B.财务报告

C.预算执行报告　　　　　　　　　　D.综合财务报告

30.在管理会计中，（　　）通常用于评估企业的短期财务目标和运营情况。

A.短期财务报告　　　　　　　　　　B.财务报告

C.管理决策报告　　　　　　　　　　D.预算执行报告

二、多项选择题

1.管理会计报告的主要功能包括（　　）。

A.提供内部管理决策所需的信息

B.评估企业业绩和效率

C.遵守法律、法规的财务报告要求

D.辅助制定企业战略和计划

2.以下属于管理会计报告的内容的有（　　）。

A.成本分析报告　　　　　　　　　　B.预算报告

C.财务报表附注　　　　　　　　　　D.责任中心报告

3.在制定预算时，可能被采用的方法有（　　）。

A.零基预算　　　　　　　　　　　　B.增量预算

C.活动基础预算　　　　　　　　　　D.弹性预算

4.管理会计报告中的成本习性分析通常涉及的内容有（　　）。

A.固定成本　　　　　　　　　　　　B.变动成本

C.混合成本　　　　　　　　　　　　D.机会成本

5.（　　）有助于评估企业的盈利能力。

A.利润表　　　　　　　　　　　　　B.贡献毛益报告

C.成本分析报告　　　　　　　　　　D.现金流量表

6.在制定成本控制策略时，以下信息可能被利用的有（　　）。

A.成本分析报告　　　　　　　　　　B.预算执行报告

C.市场分析报告　　　　　　　　　　D.财务报表

7.（　　）提供了关于企业预算执行情况的信息。

A.预算执行报告　　　　　　　　　　B.财务报表

C.现金流量预测报告　　　　　　　　D.责任中心报告

8.在管理会计中，以下方法可以用于评估企业经济效率的有（　　）。

A.成本效益分析　　　　　　　　　　B.边际贡献分析

C.本量利分析　　　　　　　　　　　D.财务比率分析

9.（　　）可能包含对未来财务状况的预测。

A.现金流量预测报告　　　　　　　　B.预算报告

C.财务报表　　　　　　　　　　　　D.管理决策报告

10.在制定企业战略时，（　　）可能被参考。

A.战略管理会计报告　　　　　　　　B.财务报表

C.市场分析报告　　　　　　　　　　　D.预算执行报告

11.以下因素可能影响管理会计报告编制的有（　　　）。

A.报告的目的和受众

B.企业的行业特点和市场环境

C.报告的准确性和及时性要求

D.企业的内部控制和审计要求

12.以下管理会计报告可能包含对成本结构分析的有（　　　）。

A.成本分析报告　　　　　　　　　　　B.预算执行报告

C.利润表　　　　　　　　　　　　　　D.现金流量表

13.在管理会计中，以下方法可以用于评估产品或服务盈利能力的有（　　　）。

A.贡献毛益分析　　　　　　　　　　　B.成本效益分析

C.边际贡献分析　　　　　　　　　　　D.本量利分析

14.以下管理会计报告可能包含对责任中心业绩评估的有（　　　）。

A.责任中心报告　　　　　　　　　　　B.预算执行报告

C.财务报表　　　　　　　　　　　　　D.成本分析报告

15.在制定成本控制策略时，以下因素可能被考虑的有（　　　）。

A.产品的市场需求　　　　　　　　　　B.企业的生产能力和资源限制

C.竞争对手的成本结构　　　　　　　　D.企业的战略目标

16.以下管理会计报告可能用于辅助企业定价决策的有（　　　）。

A.成本分析报告　　　　　　　　　　　B.贡献毛益报告

C.利润表　　　　　　　　　　　　　　D.市场需求分析报告

17.在管理会计中，以下方法可以用于评估企业的资金需求和筹资能力的有（　　　）。

A.现金流量预测　　　　　　　　　　　B.财务报表分析

C.本量利分析　　　　　　　　　　　　D.预算报告

18.（　　　）可能包含对预算调整的建议。

A.预算执行报告　　　　　　　　　　　B.弹性预算报告

C.滚动预算报告　　　　　　　　　　　D.零基预算报告

19.在制定企业战略时，以下管理会计报告可能提供有用的信息的有（　　　）。

A.战略管理会计报告　　　　　　　　　B.预算执行报告

C.成本分析报告　　　　　　　　　　　D.市场分析报告

20.以下因素可能影响管理会计报告质量的有（　　　）。

A.数据的准确性和完整性

B.报告编制人员的专业能力和经验

C.报告的时效性和可读性

D.企业的内部控制和审计机制

三、判断题

1.管理会计报告的主要目的是满足外部投资者的信息需求。　　　　　　　　（　　　）

2.成本分析报告是管理会计报告中的一种,它提供了关于产品或服务成本结构的详细信息。（　　）

3.管理会计报告通常不需要遵守会计准则和法规。（　　）

4.预算执行报告主要用于评估企业的盈利能力。（　　）

5.管理会计报告中的贡献毛益报告可以帮助企业确定产品的定价策略。（　　）

6.所有管理会计报告都需要经过审计。（　　）

7.管理会计报告可以包含对未来财务状况的预测。（　　）

8.责任中心报告是评估企业内部各部门或业务单元业绩的一种有效工具。（　　）

9.管理会计报告中的成本习性分析只涉及固定成本和变动成本。（　　）

10.管理会计报告通常比财务报告更详细、更频繁地编制。（　　）

企业实操案例分析

梦想公司是未来集团下属企业之一,专门从事服运动服装的生产与销售。月初,梦想公司一、二分厂按集团要求提交报告。一分厂A班组长王明统计了上月本班组产值完成情况（见表7-2）。

表7-2　　一分厂A班组产值完成情况报告（部分）

生产班组	核定人数	产品名称	单位	月任务数（件）	人日定额（件）	单价（元）	预计产值（万元）	本月实际完成（件）	本月实际产值（万元）	产值完成率（%）
A	150	常服类	套	840	2.45	288		862		
		春秋服-A	套	1 160	2.52	288		1 192		
		春秋服-B	套	780	2.52	288		748		
		春秋服-C	套	500	2.55	399		489		
		春秋服-D	套	920	2.55	360		951		
		春秋服-E	套	500	2.55	388		519		
		登山服	件	3 360	2	120		3 350		
		冲锋衣	件	3 360	2.35	168		3 260		
		合计		11 420				11 371		

问题1：请协助王明将产值完成情况报告补充完整,产值计算结果四舍五入保留2位小数,产值完成率四舍五入保留百分号前2位小数。

问题2：王明拟通过可视化图表,直观展示班组内各产品的预计产值、实际产值及产值完成率情况。请协助绘制产值完成情况图,图表类型、展现形式等不限。

注：详细分析过程请扫描二维码观看企业导师实操处理。

主要参考文献

[1] 韩向东. 智能管理会计：全面赋能业财融合的实战指南 [M]. 北京：人民邮电出版社，2021.

[2] 朱皑绿，邓轶群. 管理会计实务应用案例详解 [M]. 北京：人民邮电出版社，2021.

[3] 田雪峰，赵成立，齐建民. 财务职业道德 [M]. 北京：人民邮电出版社，2022.

[4] 冯圆. 管理会计报告的内涵、体系结构及未来发展 [J]. 商业会计，2024（2）.

[5] 蔡建平，潘瑞瑞. 大智移云时代财会队伍角色转换与能力应对研究 [M]. 南京：东南大学出版社，2021.

[6] 孔德兰，许辉. 管理会计实务 [M]. 3 版. 大连：东北财经大学出版社，2023.

[7] 林新奇，蒋瑞. 绩效管理 [M]. 北京：中国人民大学出版社，2020.

[8] 高翠莲. 管理会计基础 [M]. 2 版. 北京：高等教育出版社，2021.

[9] 张蕾. 业财税融视角下管理会计报告模式的构建及应用 [J]. 商业会计，2022（2）.

[10] 王美江. 企业现金流与营运资本管理 [M]. 北京：人民邮电出版社，2021.

[11] 陶红. 物流企业成本精细化管理研究 [J]. 财会学习，2024（26）.

[12] 李佳，罗正英，权小锋. 政府审计与国有企业成本决策的改善——基于成本黏性的视角 [J]. 中国会计评论，2023（21）.

[13] 侯立新，崔刚. 企业精细化成本管理 [M]. 北京：人民邮电出版社：2022.

[14] 郭红. 会计学教学经典案例解析 [M]. 上海：光明日报出版社：2023.

[15] 姜金德，卢荣花，杨静. 物流成本管理 [M]. 南京：东南大学出版社：2021.

[16] 屠建清. 全面预算管理案例全解：预算编制、案例指引、流程控制 [M]. 北京：人民邮电出版社，2022.

[17] 李欣. 全面预算管理：战略落地与计划推进的高效工具 [M]. 北京：机械工业出版社，2024.

[18] 郭晶. 全面预算管理在企业财务管理中的运用探讨 [J]. 中国集体经济，2024（12）.

〔19〕付小平．ROE预算管理：培养经营干部〔M〕．北京：中信出版集团，2021．

〔20〕钱自严．管理会计：从新手到高手的30个实操工具〔M〕．北京：机械工业出版社，2022．

〔21〕华恒智信．发展新质生产力的视角下，人力资源管理工作应该如何顺势而为？〔EB/OL〕．〔2024-10-22〕：https：//mp.weixin.qq.com/s/luu4X1Nzc3HUuPa7lFo5Jg．